時勢

MEGATRENDS
The Shortest Way to Understand Global Economics

財經知識型YT「小Lin說」
第一本商業金融科普書,
讓你一口氣看懂世界經濟大局

華爾街J.P. Morgan摩根大通前分析師、
北大學霸、常春藤聯盟哥大金融數學碩士

小 Lin —— 著

野人

目錄

| 作者序 |

經濟學是有溫度的

小 Lin

Hi，很高興見到你，我是小Lin。

許多朋友可能是從「小Lin說」頻道認識我的，我也很榮幸能藉由分享財經及金融相關的知識認識更多朋友。

▌ 我為什麼想普及財經知識？

我想先說說為什麼我會從事經濟和金融相關的內容創作。

我的教育背景一直集中在經濟和金融領域，本科在北京大學讀經濟學院金融專業，之後去哥倫比亞大學讀金融數學碩士。在我的知識體系中，充滿了各式各樣的經濟學理論、模型，比如：供給、需求曲線的變化，選擇權的評價（Option Valuation）等等。

在許多人看來，擁有這樣的教育背景應該算「科班出身」了吧？

但實際上，我在讀書的時候，看新聞、讀研究報告、研究央行政策時也是一頭霧水，可能只比非專業人士多了解一些比如GDP（國內生產毛額）、CPI（消費者物價指數）的幾種不同演算法而已。

其實不只是我，當時身邊很多同學都不覺得經濟、金融有趣，只覺得這些理論冰冷而無聊。而現實生活中，大家感到好奇、會在餐桌上饒有興致談論的所謂「有趣的財經內容」，又大多充斥著八卦、小道消息和陰謀論。

當我真正開始在金融圈工作、身處金融交易中時，我才真切地看到身邊機敏的銷售人員，如何用那些「枯燥」的經濟數據侃侃而談，勸說客戶做某筆交易；資深的交易員會根據經濟形勢，動輒承受上百萬美元的風險暴露（risk exposure），書本中「冰冷」的理論和「有溫度」的現實，開始在我腦海裡碰撞融合。

我還清楚地記得在金融圈工作時，每次公布重要經濟數據（比如：一些重要公司的財報，或美國勞動部發布類似NFP〔Non-Farm Payrolls，美國非農就業數據〕等）的情景。NFP是在每月月初的某天早上8：30準時發布，大家提前十分鐘就會全都上好廁所、沖好咖啡，蓄勢待發。資料公布前30秒辦公室所在的整個樓層可以說鴉雀無聲，大家都緊盯著螢幕等待。8：30資料一公布，整層樓轟的一聲像炸開了鍋，市場開始根據數據做出相應的劇烈波動。

剛開始時，我也不明所以，並不明白為什麼這項數據對市場來說這麼重要。於是，在下個月NFP公布之前，我做足了功課。我才了解到，這是美國聯準會最看重的就業數據，它的好壞決定了聯準會量化寬鬆政策的走向，比如：要不要升息，要不要縮減聯準會的資產負債表。

就這樣，我在摩根大通工作的那幾年，逐漸感受到了經濟與金融的溫度。

現在我希望能夠以客觀、專業的角度，將這種溫度從冰冷的資料和金融市場背後，傳達給你。

我和身邊朋友交流時，能感覺到幾乎每個人都想多了解經濟

學，我個人也認為，每個人也都有必要了解一些相關知識，比如：

· 升息、降息對我們有什麼影響？
· 利率、發行貨幣，和股市、房市、匯率之間有什麼連動關係？
· 通貨膨脹和通貨緊縮為什麼都相當可怕？

但問題是，這些理論知識對很多人來說太過複雜、冰冷。然而，每個國家的經濟都有其獨特之處，一旦理解，你會發現從經濟學的角度來看待這個世界，將會出現許多不同的面貌。

我希望這本書能幫助大家了解全球市場的參與者，包括各個國家的政府、企業、個人、央行、監管機構等，以及OPEC（石油輸出國家組織）、歐盟、IMF（國際貨幣基金組織）等組織。它們之間牽一髮而動全身，時時刻刻都在進行博弈：

· 中東、英美、俄羅斯圍繞著石油資源，展開了何種較量？
· 1980年代兩次石油危機，為什麼韓國沒有受到太大影響？
· 日本的財團如何將日本拖進「失落的三十年」？日本央行又如何發明了量化寬鬆政策？
· 歐洲央行和日本央行拚命印鈔票，為何沒有達到刺激經濟的目的？
· 歐盟的體制存在哪些本質性的衝突？

你會發現大部分國家在二戰後都經歷了一段裙帶資本主義（Crony Capitalism）時期；你會發現1980年代石油危機和資本自由

化的大背景下，每個國家都有不同的境遇；你會發現2000年初全球的資本狂歡，為之後的金融海嘯埋下了哪些伏筆。

老實說，我研究這些國家、寫出自己對它們的理解，是因為我真的很著迷於這些議題。每一篇文章，都是從我感興趣的國家、主題出發，然後啃下大量有點晦澀、有點冰冷的報告，以及新聞和資料，再從中思考現象和資料背後的邏輯、各方力量的博弈，直至表象背後的溫度。而當我對某個國家、某種經濟體制、某個政策有了更深刻的理解時，我是非常興奮的。

我希望能用通俗易懂的語言，把我體會到的溫度、我著迷的重點，以及我對經濟學底層邏輯的理解，盡我所能地分享給你們。

最近，越來越多人留言跟我說，我分享的內容燃起了他們對經濟學的熱情。這裡面也不乏財經領域的學生。看到這些，我真的非常開心。也希望大家讀了這本書，不僅能了解這些國家、了解經濟學知識，也能體會到經濟學的樂趣、經濟學的溫度。

財經金融不無聊，也遠沒大家想得那麼複雜與繁瑣。

▎這本書的主題是什麼？

那麼，這本書到底講了哪些內容呢？

簡單來說，可以用一句話總結：用「人話」帶大家一口氣了解各國經濟及其背後的底層邏輯。

可能有人會認為，我只用一兩萬字來介紹一國的經濟，篇幅這麼短一定無法講清楚，肯定會漏掉許多東西，畢竟人家可能花費好幾本書的篇幅都不一定能講明白呢。

從這個角度來看，書中部分內容確實講得不夠深入、不夠全面，我不否認這一點。

但我同時也認為，「精練」是這本書非常重要的價值。我希望大家能理解這是一本「通俗」的讀物。

這本書的內容經過大量簡化、提煉，我把最精簡、最核心、最基本的一些原理，用人人都讀得懂的文字表達出來。

這也和我長期從事自媒體工作的習慣相關：在一段影片中，能用一句話表達的內容就不要用兩句話，連續三句話觀眾不愛聽就會滑走了，我必須盡量保證每句話都對觀眾有吸引力。

如果你也希望花二三十分鐘了解一個國家的經濟、歷史、特色，還能清楚背後的經濟學原理，那麼恭喜你，這本書就是為你量身訂做的！

當然，由於我在寫作過程中大量篩選並簡化了內容，所以本書可能會讓部分讀者錯以為「經濟學原來不過如此」。

我想特別提醒大家：讀完這本書以後，千萬別誤以為經濟學是相當容易的，然後自認是百年難遇的經濟學天才，衝進金融市場打算撼動全球資本。

「以史為鏡，可以知興替。」我更加期待的，是大家能從這些國家的發展規律中，建立自己的理解和思考，幫助自己審時度勢，在生活和人生選擇方面做出更明智的選擇。因此，我們賦予了這本書一個更高層次意義的書名——《時勢》。

在寫作上，我盡量保持客觀，書中引用了不少圖表和資料。但客觀的資料其實會限制觀點的表達，讓大家讀起來不夠過癮。

查閱和引用資料也往往讓人感到疲憊，有時可能束縛思路，但卻是非常必要。我經常在進行深入分析後，自信滿滿地構建了一套巧妙的邏輯脈絡，或者試圖表達大多數人都會贊同的觀點，

但在查閱資料後，卻發現自己的觀點根本無法驗證，甚至事實可能與我的假設完全相反。

這時，我只能推翻自己的邏輯，畢竟數字是不會騙人的。

我們生活在資訊爆炸的時代，擁有許多講解各個國家經濟的專業書籍，任何資訊你隨手一搜尋，0.05秒就能獲得上萬條搜尋結果，完全不缺資訊來源。

但問題是，許多專家、大師的講解常常太過專業，難以理解；而大多數速食式的短影音又缺乏專業與嚴謹，呈現出來的內容不一定可靠。

我想大家最缺少的其實是：一個能夠把專業的資訊和知識整理成「人話」，並分享出來的可靠資訊來源。

我希望這本書能夠做到這一點。

第一章

日本之殤（一）

泡沫如何產生？

引言

　　日本絕對可以稱得上 20 世紀最奇妙的經濟體之一：從二戰戰敗國迅速崛起，創造了史無前例的經濟奇蹟，卻又吹出了全球近代史上最大的資產泡沫；泡沫破裂之後，持續了長達 30 年的經濟停滯，始終不見起色。這究竟是日本經濟制度的問題，還是日本央行的失誤，又或是經濟規律的必然？

　　本章從日本經濟的重大事件切入，還原日本經濟為何如此特別。

▌日本經濟復甦期 (1946 ～ 1954 年)

　　二戰之後，日本大約有40%的工廠和基礎設施被毀，國內情緒非常低落。同時，極度消耗的戰爭使日本欠下了巨額債務，這時日本的GDP（國內生產毛額）也大幅下降（圖1-1）。

　　美國於1945 ～ 1952年接管日本，協助日本進行戰後恢復，其中包括幫助日本制定憲法，進行土地法改革、勞動法改革、教育改革等等，以極快的速度幫助日本完成經濟重組。改革完成後，美國於1952年撤軍。

　　此外，在三年的韓戰（1950 ～ 1953年）期間，美國的大量物資需求基本上都由日本來提供，這些需求真正幫日本擺脫了戰後的內需不足。

　　可以說，美國幫助日本從戰後的一塌糊塗中，迅速爬出泥淖。

圖1-1 日本 GDP 成長率

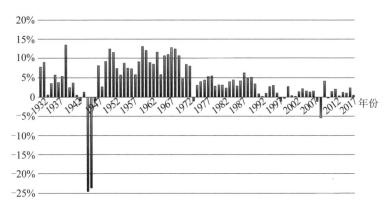

資料來源：世界銀行（World Bank）

現在看來，這兩國的關係還挺有趣的，前腳日本剛炸了珍珠港、美國又扔了原子彈，後腳雙方就開始各種合作互助。真是應了那句話：沒有永遠的敵人，只有永遠的利益。

日本經濟崛起期（1954～1972年）

接著，日本的經濟活動開始復甦，整體的人口素質非常高，物價水準又非常低，也就是說日本有一大批聰明的廉價勞動力，又趕上當時經濟全球化的浪潮，自然成為了「世界工廠」。

日本先是大量出口農產品，接下來的10年全球電子產品市場蓬勃發展：相機、電視機……一大批日本公司在此期間成長為巨頭。日本經濟進入了飛速發展期：1954～1972年，平均GDP成長率超過10%，持續的高速增長讓全世界經濟學家吃驚到下巴都掉到地上，還產生了「日本經濟奇蹟」這個專有名詞。

我們不妨比較日本和美國的GDP。美國從1881年以來，人均GDP絕對可以說是冠絕全球，一百多年來幾乎都在持續上漲，只有1930年經濟大蕭條時期出現明顯的低谷，但緊接著二戰又帶來人均GDP持續增長。

相比之下，日本的人均GDP走勢可能沒有你想像得那麼猛（圖1-2），但如果放在對數坐標下觀察（圖1-3，對數坐標比普通坐標更能展現漲跌幅的波動變化），兩者的變化趨勢會表現得更加清楚。可以看出來，日本的人均GDP趨勢在二戰之後有一個更大的低谷，只有不到3,000美元，不足美國的1/5。可是之後的20年，日本經濟奮起直追（也就是「日本經濟奇蹟」時期），1973年追到了美國的2/3，完成了神奇的舉國大躍遷。

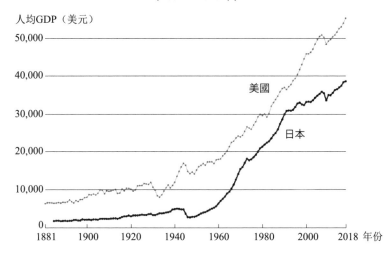

圖 1-2 普通坐標下的美國、日本人均 GDP
（1881 ～ 2018 年）

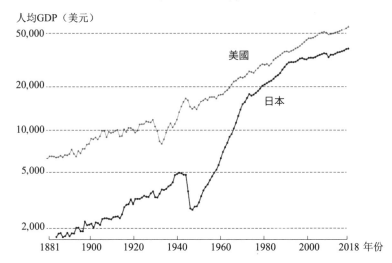

圖 1-3 對數坐標下的美國、日本人均 GDP
（1881 ～ 2018 年）

注：以 2011 年國際美元價格為基準，並已根據物價水準調整。
資料來源：Our World in Data；Maddison Project Database 2020

接下來，就要講到日本經濟非常有趣的地方了。

為什麼日本經濟如此特殊？為什麼全球經濟學家都把日本經濟單獨提出來討論？

日本經濟之所以能在這20來年，包括之後的10多年保持高速增長，而後來又出現泡沫，最後壯烈崩塌，有一個非常重要的底層因素——財團體系。

日本的財團體系

從1860年到二戰之前，日本經濟基本上被一些特別龐大的家族控制著。它們控制日本經濟中的各大命脈產業。這些家族被稱為「財閥」（Zaibatsu），是經濟上的一種壟斷聯盟。

當時日本有四大財閥：三菱財閥（Mitsubishi）、三井財閥（Mitsui）、住友財閥（Sumitomo）、安田財閥（Yasuda）。四大財閥富可敵國，強大到連日本政府需要錢都得找他們商量，所以很多人認為20世紀日本挑起的多次戰爭都是這些財閥在背後推動的。

二戰之後，在美國的主導下，日本把這些財閥全部拆分了，許多資產都收歸國有。

但沒想到，這種團結意識百年來已經深入日本經濟的骨髓，將財閥解散，日本經濟反而陷入迷茫。這些財閥被拆分後，原來的成員像電影《魔鬼終結者》裡的機器人一樣，已經被分散到各處，沒過幾年居然又開始自動聚攏，先是聚集成一些小聯盟，最終又幾乎原封不動地組合回去。對於這種根深柢固的形態，美國十分無奈，但又沒有特別好的解決辦法，只能順其自然。

新形成的這些集團不再稱作財閥，而叫「財團」（Keiretsu），主要有6個，它們將在未來半個世紀主導日本的經濟：三菱財團、三井財團、芙蓉財團（Fuyo）、住友財團、第一勸銀財團（DKB

Group）、三和財團（Sanwa）。

這些財團都是以若干家大銀行為核心，橫向控制電子、汽車、石油、食品等一系列產業鏈。在財團內部，公司之間的聯繫非常緊密，互相持股，領導層經常一起開會甚至聚會，包括高階主管在內，人員都是流動的，形成小型的商業生態系。

為什麼財團是以銀行為核心呢？因為銀行手握大量的資金，具有很強的流動性，如果哪個財團的流動資金吃緊，銀行一筆低息貸款直接到帳。舉個不恰當的例子，假如三菱財團的汽車賣不出去，他只要在群裡一吆喝：大家今年幫我們衝衝業績，多買我們的車啊！汽車銷量一下就能提升了。

當然實際運作沒有這麼誇張，不過大家可以看得出來，財團的機制使內部形成合作關係，能夠相當強勁地推動和扶持其中的公司。

而財團包括兩種類型：跨產業的「橫向」類型，以及連接整條產業鏈的「縱向」類型。大部分製造業巨頭——豐田（TOYOTA）、東芝（TOSHIBA）、日產（NISSAN）都是原料、生產、銷售一條龍，涵蓋下游到上游，可能有多達上萬家公司。這就是典型的裙帶資本主義（Crony Capitalism）。

有人不免疑惑：這種形式的財團不就和俄羅斯的寡頭經濟差不多嗎？美國不也有一大堆巨頭嗎？

日本這些財團之所以不同，在於它們不光是縱深統治單一產業，還橫跨經濟中的多個領域，一個財團囊括了成千上萬家公司，分布在經濟的各個領域，而且都是以銀行為中心。

大家在後文就能看到，日本的財團或者財閥制度如何影響日本的經濟。

現在回過頭來看，在日本經濟高速發展的時期，財團體系發

揮了巨大的優勢：它非常有利於提高效率、整合資源、降低無謂競爭，員工基本都是終身雇用，所以人員流動性很低。因此才有了圖1-3那條驚人的發展曲線。

讀到這裡，大家是不是覺得日本經濟有點意思了？這只是個開始，讓我們慢慢深入。

▋ 經濟低迷期成功轉型（1973～1985年）

時間來到1970年代，1973年和1979年發生了兩次石油危機。日本當時99.7%的石油都依賴進口，油價暴漲，導致國內發生輸入性通貨膨脹（圖1-4）。在很短的時間內，日本民眾都覺得：為什麼一下子東西變這麼貴？這也就導致日本國內消費減少，需求降低，經濟下滑。

不過，日本雖然受石油危機的衝擊不小，但還是在此期間成功地從規模化量產的生產導向型經濟，轉型成技術導向型經濟。比如，豐田獨創了TPS（Toyota Production System，豐田生產模式），大幅提升了工廠流水線的生產效率。

石油危機導致油價飛升，而日本車因其省油的性能，越來越受到全世界消費者的青睞。

1960年，豐田的汽車年產量還只有15萬輛，1980年就已達到330萬輛。

日本的一眾品牌，包括索尼、東芝、松下、豐田、三菱、日立，都成為了全世界消費者家裡的常客。

雖然有一些書中寫到日本的GDP增長速度在石油危機時期降至4%左右，但當時全世界經濟都不景氣，日本已經表現得非

圖 1-4 日本通貨膨脹率

（%）

資料來源：日本總務省

常不錯，是在應對危機的同時實現產業轉型的國家。

▌《廣場協議》始末：經濟下滑的導火線（1985年）

虎視眈眈的美國

　　就在日本一切都順風順水，經濟搞得風生水起的時候，有一個國家卻如坐針氈、如芒在背、如鯁在喉，那就是美國。

　　我們把地球儀轉半圈，看看同時期美國的經濟狀況。1970年代，美國先是單方面宣布美元和黃金脫鉤，脫離布雷頓森林體系（Bretton Woods Agreements）；接著兩次石油危機讓美國陷入高通貨膨脹，通膨率一度高達近14%（圖1-5），同時經濟停滯（圖1-7）。美國陷入嚴重的「停滯性通貨膨脹」（Stagflation）。

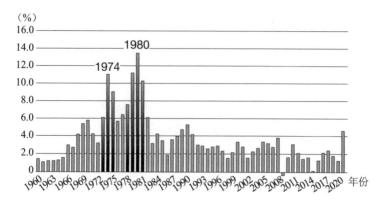

圖 1-5 美國通貨膨脹率

資料來源：美國勞工統計局（BLS）

　　停滯性通貨膨脹就是「經濟停滯」（economic stagnation）和「高通貨膨脹」（high inflation）的組合，是一種非常棘手的通貨膨脹。

　　為什麼說它棘手呢？通貨膨脹，就是物價升高，一般源於兩種情況：需求增加或者供給減少。如果是由需求高漲引起的通膨，那國家可以透過抑制需求來降低物價。但如果通膨是源於商品的供給減少，比如成本升高或者賣家變少，那抑制需求的常規操作恐怕就無法奏效。而石油危機引發石油價格上漲，導致成本增加，使得工廠不得不提高價格或者減少產量（即供給減少），從而帶來了停滯性通貨膨脹。

　　當時（1979年）新上任的美國聯準會（Fed）主席保羅‧伏克爾（Paul Volcker）大刀一揮，決定用非常激進的升息手段來穩住通貨膨脹，在1981年直接把聯邦基金利率升到接近20%（圖1-6）。

　　結果呢？聯準會確實穩住了通貨膨脹，但是升息的副作用很明顯：一是抑制了本國經濟，使美國經濟大衰退（圖1-7）。

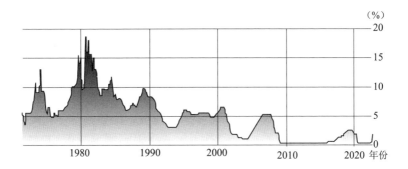

圖 1-6 美國聯邦基金利率

資料來源：聯準會

圖 1-7 美國 GDP 成長率

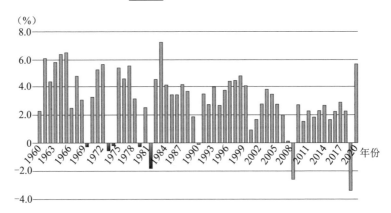

資料來源：世界銀行

二是導致貨幣升值。從圖1-8中可以看到美元指數，即美元兌換一籃子其他貨幣的平均指數，在1980年聯準會升息之後增加了近1倍。

三是導致了貿易逆差。美元升值，使得出口的產品變貴了，自然會影響銷量。從圖1-9可以看出，美國的淨出口出現了巨大的虧空，進口遠大於出口，也就是巨額貿易逆差。

隨著美元快速升值，日本物美價廉的電子產品及汽車、半導體等產品一古腦湧進美國，日本商品占據美國貿易逆差的1/3，美國汽車產業就是從這個時期開始一蹶不振的。所以說，經過了1970年代的兩次石油危機後，日本成功轉型，而美國身陷泥淖。

美國政府迫於國內各個工會，主要是強大的汽車工會的壓力，加上科技公司IBM、電信公司摩托羅拉（Motorola）等巨頭的遊說，和日本開啟了貿易戰，直接一刀限制每年日本車的進口數量，對日本的電子產品加徵了高達100%的關稅。

簽署《廣場協議》：為經濟泡沫埋下隱患

但這些措施沒有達到預期的效果，美國政府覺得不能讓這種情況持續下去，必須讓美元貶值！

1985年9月22日，美國把日本、法國、英國、西德（俗稱西德）的代表召集到紐約廣場飯店，五方達成著名的《廣場協議》（Plaza Accord），聯手拋售美元讓其貶值，以緩解美國的貿易逆差。當然，美國主要是針對日本和西德，因為它對這兩個國家的貿易逆差實在太大，所以要求這兩國的貨幣升值來幫助美國緩解壓力。

但西德、日本為什麼要簽署這份協定呢？兩國表面上肯定是表示希望美國經濟轉好，畢竟美國經濟不好全球經濟都要遭殃。

圖 1-8 美元兌換一籃子其他貨幣的平均指數

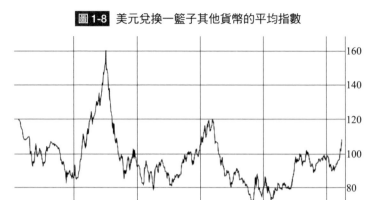

資料來源：美國洲際交易所有限公司（ICE）

圖 1-9 美國淨出口額

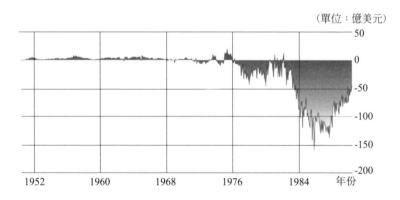

（單位：億美元）

資料來源：美國經濟分析局（BEA）

實際上，它們簽署該協議的主要原因是美國是這兩國最主要的客戶，如果客戶沒錢或者和客戶打貿易戰，三方都不會有好結果，而且當時各國都不想把與美國的關係搞僵。

所以，大家迫於美國的「淫威」，簽署了《廣場協議》，這個協議也成為日本之後一系列經濟「臭棋」的導火線。

協議後果：日本經濟奇蹟不再

協定簽署後，各國就按照規定開始拋售美元。很快地，美元貶值的速度就像升值的速度一樣，迅速回落。而日圓價值開始飆升，日圓兌美元匯率在一年內幾乎翻倍，從1美元兌250日圓漲到了1美元只能兌130日圓，也就是說美國進口的日本車、日本電視機在一年之中就貴了一倍，這就導致日本產品失去了大部分的美國顧客！貨幣升值對日本這類出口大國的短期衝擊肯定極大。

所以1985年第四季日本就陷入了經濟衰退。此時，日本經濟狀況出現以下三種情況：經濟下滑、日圓持續升值、通貨膨脹率很低。

日本之前勢頭強勁的經濟奇蹟幾乎停滯，面對這三種情況，日本央行（即日本銀行，在日本常簡稱為「日銀」）該如何扭轉經濟頹勢？對經濟學略有了解的人都應該會知道標準答案——降息。

因此，日銀在1986～1987年把基準利率從5%直接砍到2.5%。許多人詬病日銀降息，但結合日本當時的經濟背景——經濟成長低迷、出口大國、通貨膨脹很低，降息是非常標準的應對措施。1986年日銀降息後，日本的經濟迅速回到正軌，國內沒有出現通貨膨脹，日圓兌美元匯率的升值也在逐漸減速，所以回過頭來看，果斷採取降息措施是很成功的。

降息的影響

降息對經濟的影響主要有三:一是鼓勵消費和生產,刺激經濟;二是促使物價上漲;三是促使本國貨幣貶值。

首先,請大家想像一下作為普通消費者,降息對我們消費行為的影響。

一般情況下,降息表示所有利率都下降,包括貸款利率。此時,我們看到自己購物車裡還有幾件很令人心動的商品,可能會想「反正下個月還款利息不多,我不如趕緊買下」;或者走進汽車經銷店,聽到車貸方案,發現即使貸款3年,也只需要支付低額利息,於是當機立斷買下愛車。

沒錯!降息就是在鼓勵大家「花錢」,個人花錢消費,企業花錢生產,經濟活動才會更加頻繁。

當大家都開始花錢,「買買買」的行為就會提升物價,造成通貨膨脹。

物價上漲、通貨膨脹嚴重,本來1元能買1顆蘋果,現在只能買半顆,就意味著本國貨幣購買力下降;加上降息使得本國貨幣收益率降低,外幣收益率相對升高,資金就有外流的壓力,從而進一步導致本國貨幣貶值。

當然,貨幣貶值是好是壞我們不能一概而論。本國貨幣貶值意味著出口商品會變便宜,對出口大國來說,這可能是一種戰略。同時,按照外幣標價的進口商品會在本國市場上變貴,導致進口量減少,因此單就對外貿易而言,貶值通常會使更多的錢流入本國。

經濟泡沫開始膨脹

　　然而，日銀的降息力度太大，之後又沒有採取有效的措施來中和降息的副作用，也就導致了日本經濟的泡沫。

錢變多了：經濟泡沫產生的直接原因

　　降息的直接結果是，錢變多了。

　　低利率意味著提升市場的流動性，借款變得更加容易，大家就全都開始大量貸款，市場上的錢就變多了。錢多了總得有流去的地方，而金錢無非流向兩大地方：一是實體經濟——導致通貨膨脹；二是資本市場——導致資產泡沫。

　　日本降息導致的就是後者，錢開始大量流入股市和房市。

　　1985 ～ 1991年，日本全國平均商用房價漲了3倍，像東京這類大城市的房價更是漲得離譜；1988年，東京銀座區的房價達到每坪6.7萬美元（當時約新臺幣190萬元），由此可見當時的房價漲得多離譜。

　　股市的表現更加明顯，日經指數在這幾年間漲了將近4倍（圖1-10）。1989年12月更達到近39,000點，至今沒有被超越。這也造就了以下奇觀：1990年全球市值最高的10家公司中，日本公司占7家。

　　當時大部分日本公司都會用自己的錢炒股，NISSAN在1989年從股市中得到的收益甚至高於賣車的收益。

　　股價一漲，日本公司就憑藉著自己雄霸全球的估值開始到全世界買地、買公司，比如索尼花34億美元買下哥倫比亞影業，三菱地所集團花14億美元買下紐約地標建築——洛克菲勒中心。

　　這時期的日本，充斥著一股狂熱、奢靡及自信心爆棚的風

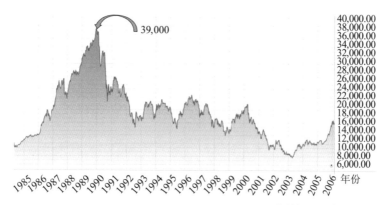

圖 1-10 日經 225 指數

39,000

```
40,000.00
38,000.00
36,000.00
34,000.00
32,000.00
30,000.00
28,000.00
26,000.00
24,000.00
22,000.00
20,000.00
18,000.00
16,000.00
14,000.00
12,000.00
10,000.00
8,000.00
6,000.00
```

1985 1986 1987 1988 1989 1990 1991 1992 1993 1994 1995 1996 1997 1998 1999 2000 2001 2002 2003 2004 2005 2006 年份

資料來源：日本股票交易所

氣，但凡有點錢就拿去炒股、買房，但凡買房、買股票就會一直賺錢，所以當時的日本民眾體會了從來沒體會過的感覺——賺錢原來可以這麼容易！

日本財團：經濟泡沫產生的深層原因

低利率肯定是產生泡沫的最主要原因之一，但將它視為唯一原因，是不夠全面的。

從長期來看，日本並不是第一次啟動這種規模的降息，我們可以看看日本的基準利率走勢圖（圖1-11）。1970年代至1980年代初，為了抑制通貨膨脹、控制匯率，日銀兩次進行大幅升息後又大幅降息，且降息幅度都不比1986年小，雖然沒有到2.5%這麼低，但也沒高出多少。更關鍵的是：這幾次降息效果都很好，後來都認為是很成功的政策。

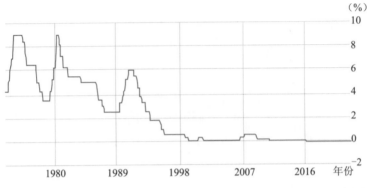

圖1-11 日本基準利率

資料來源：日本銀行

　　既然前兩次降息沒發生大事，那為什麼1986年降息卻導致了日本歷史上最大的資產泡沫？

　　其實，幕後還有一個很重要的玩家——日本財團。

銀行過度放貸：經濟泡沫產生的根本原因

　　長久以來，日本的經濟核心都是財團，而這些財團的核心則是銀行。日本民眾一直比較保守，好不容易賺來的血汗錢，不炒股、不投資，就存銀行！所以日本經濟一向遵循著非常簡單的運行機制：民眾把錢存入銀行，接著銀行（財團的核心）把錢貸給各種公司。

　　銀行是此一流程中的關鍵角色，而日本政府想要控制經濟中貨幣的流通速度，除了利用利率，最主要的做法就是通知各大銀行調整貸款的額度、資金的流向等，這種政策機制稱為「窗口指導」（window guidance）。一直以來，這項機制運作得很穩定。但是

到了 1970 年代末及 1980 年代初，金融市場開始發生變化，主要
表現在以下幾個方面。

變化1 金融市場自由化

從 1970 年代開始，日本進行了一系列金融自由化改革。改革
的原因之一是順應自然趨勢，自由化能讓市場更有效地調配資
源、釋放更多潛力；而另一個更主要的原因是美國施壓，美國眼
見日本的金融市場包括匯率全都管制得很嚴，將日圓匯率控制得
很低，就建議日本向美國學習，讓金融市場更開放一些。

於是，日本開始全面開放金融市場、外匯交易。

變化2 公司轉向發公司債

開放金融市場後，日本的債券市場也越來越自由，自由到何
種程度呢？企業可以直接在市場上發行債券。當時，日銀正好把
利率降到了最低水準，很多公司衡量之後發現，在市場上發債比
找銀行貸款更划算，還省去了很多手續。於是，日本的大型上市
公司開始把融資方式從原來的銀行貸款改為發債。

從 1985 ～ 1990 年，日本公司開始大量借貸，而且主要來自
發債，而不是銀行貸款（圖1-12）。

變化3 銀行放貸艱難

大公司的融資操作使銀行的日子變得艱難，原本低利率時期
銀行就不賺錢，現在大公司的操作更導致貸款無法貸出。但日銀
對銀行進行窗口指導，為各個銀行設立貸款指標，銀行又需要將
這些貸款放出去，於是它們就進行了一些非常規的操作。

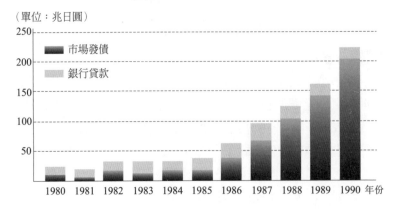

圖 1-12 日本公司融資結構

（單位：兆日圓）

■ 市場發債
□ 銀行貸款

資料來源：日本銀行

變化4 **過度放貸給低信用者**

　　各個銀行被逼得沒有辦法，只能發放貸款給信用差一些的公司，甚至後來直接貸給個人。只要個人能抵押房子，銀行就可以提供低利貸款。因為當時的房市表現非常好，房子升值得很快，如果有人還不出貸款，銀行可以沒收房子，也不會虧損。

變化5 **信用過度擴張**

　　於是，銀行把大量資金貸給了沒有償還能力的個人和企業，經濟體中信用氾濫。不論小公司還是個人，都能輕輕鬆鬆地拿到低息貸款。在當時股價、房價飛漲的時代，大家拿到了貸款要幹什麼？當然是買房、買股票！

　　我們可以將上述變化總結成以下發展歷程：

日本金融改革→全面開放金融市場→大公司自己向市場發債
→銀行越來越難貸款給大公司→銀行過度放貸給無償還能力者→
信用過度擴張→大家一起把泡沫吹得越來越大⋯⋯

　　這裡面最嚴重的問題其實不是大家一起將泡沫吹大，而是信
用過度擴張。如果民眾只是用自己的錢瘋狂炒股，問題或許不會
太嚴重，但如果炒股的錢都是借來的，那問題就非常嚴重了！

會計準則的調整：經濟泡沫產生的間接原因

　　銀行不僅透過過度放貸導致泡沫，自己也直接參與製造泡
沫。日本的財團相互交叉持有大量股票，整個股市有2/3的股票
都是公司之間互相持有的，光是財團控制下的銀行所持有之股票
就占將近一半，大家「你中有我、我中有你」。

　　1988年，日本制定了新的會計準則：銀行手裡持有的股票如
果升值，其中一部分可以記作當年度的真實收益。簡單來說，這
個準則就是：只要股價一直漲，不管公司實際上賺不賺錢，帳面
上都是賺錢的；帳面上賺錢，股價就會接著漲。這是一個互相推
進的循環。當時的利率又極低，財團就融資借錢相互買對方的股
票，使泡沫越來越大，最後一發不可收拾。

　　總而言之，日本經濟泡沫從產生到膨脹的過程中，財團體系
非常關鍵。它一方面逼得銀行過度放貸，另一方面自己把錢從左
手轉給右手，再加上低利率的大環境，於是泡沫越來越大，最終
導致危機之火迅速燒遍了整個日本。

日本經濟大崩盤

刺破泡沫，資產崩盤

很多人可能會很疑惑，日本政府、日銀等怎麼可能沒有提早察覺到這麼大的泡沫呢？

其實早在1987年，日銀剛剛降息到2.5%時，他們就已經開始擔心產生泡沫的風險了，日本內部隨即開始討論是否需要升息。

但遲遲沒有升息，總結大概有以下三個可能原因。

首先，美國不同意日本的升息政策。1987年，美元的幣值剛剛穩定，美國不希望美元繼續貶值，便又和英國、法國、西德、日本、加拿大、義大利幾個國家簽署了《羅浮宮協議》（Louvre Accord），讓大家把利率控制在低位，並維持一段時間，所以日本沒有採取升息政策。

其次，美國股市在1987年發生「黑色星期一」股災，當時大盤閃崩30%，日本擔心在市場情緒緊張的時候升息，會進一步引發恐慌，有陷入衰退的風險，所以不敢升息。

最後，據傳當時日本大藏省（日本最高財政機關，2001年改名為財務省）和日銀存在嚴重的矛盾，雙方互不妥協，因此日銀故意拖著不升息。

無論什麼原因，日銀最終直到1989年才下定決心刺破泡沫，並且在一年內把利率從2.5%抬高到6%。

如圖1-10所示，面對日銀突然升息，收緊了資金的流動性，股市反應最為迅速，1989年12月股市開始下跌。兩年之內，股價指數從39,000點跌到17,000點。房地產市場反應遲鈍一點，撐了一年多，到1991年才反應過來，此時出售房子已經沒有人接

手，以東京為首的房市暴跌（圖1-13）。日本資產泡沫全面破裂。

　　很多人讀到這裡，以為故事就此結束：日本經濟泡沫破裂，進而導致嚴重的經濟危機，最終帶來了日本失落的30年。但是，我們可以再深入思考一下：經濟泡沫屢見不鮮，比如美國的網際網路泡沫、中國2007年的股市泡沫，為什麼日本的泡沫破裂會導致失落的30年呢？

　　這是因為，日本1990年破裂的雖然是資產泡沫，實際上衰退的卻是實體經濟。

　　資產泡沫破裂會讓很多人傾家蕩產，短期內經濟會進入調整期，如果日銀及政府處理好這些問題，社會的生產結構基本上不會改變，對市場造成的衝擊就相對較小。這就好比雖然房子不值

圖1-13 日本各大城市新建公寓平均價格

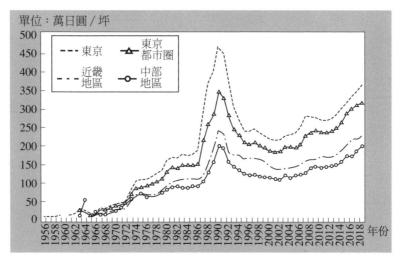

資料來源：Tokyo Kantei

錢了，手裡的股票不值錢了，但你還是可以正常工作，甚至更努力地工作，讓經濟發展快速恢復。

雪上加霜，經濟深層衰退

日本經濟當時被泡沫破裂一拳狠狠打倒在地上以後，如果採取恰當的補救措施，是可以慢慢站起來的，但如果這個時候再補上一腳，那可謂雪上加霜，導致日本經濟二三十年都一蹶不振。那麼，這一腳到底是誰補上的呢？

◆ 銀行

首先，我們要將關注焦點放到由日本財團主導的銀行上。

如前文所述，在日本經濟泡沫期間，這些銀行隨意放貸，接受的抵押物大部分是房子。泡沫破裂後，股價、房價暴跌，經濟短暫衰退，許多人無法償還貸款，同時銀行持有的抵押物（房子）價格也暴跌。也就是說，銀行產生了大量壞帳，此時已經左支右絀。

銀行是經濟運行中的關鍵一環，普通民眾一生的積蓄都放在銀行裡，政府肯定不能讓這些商業銀行出問題，尤其是在日本，大財團的核心一旦出現問題，牽一髮而動全身，整個經濟就可能全面衰退。

於是政府發放低利貸款給銀行，幫助銀行度過難關。

◆ 公司

除了銀行，還有哪些機構受到極大影響？

泡沫破裂後，許多經營不善的公司負債累累，無法運作。但日本大部分員工終生都只在一家公司服務，這已經成為傳統，這

種終身雇用文化與財團體系是相輔相成的。在這種文化下，如果大量勞工失業，經濟形勢就更不容樂觀了，所以，政府也必須挽救這些公司。

◆ 惡性循環

日本政府不能讓這麼多做了半輩子的員工失業，銀行也不能讓自己財團裡的「好兄弟」被淘汰，所以不管是好公司還是壞公司，賺錢的公司還是不賺錢的公司，政府都要發放救濟貸款。從這個角度來看，財團體制有一體兩面，好處是大家可以抱團取暖，發展時期大家組成聯盟一起衝。但缺點也很明顯，船大難掉頭，財團中表現不好、應該被淘汰的企業不會輕易被放棄，當企業遭遇危機、需要大規模洗牌的時候就麻煩了。

所以，表面上日本經濟在1992～1993年很快就恢復了元氣，市場又是一片生機勃勃的景象。大部分人都認為日本經濟已經回暖，可以繼續創造奇蹟！

而實際上呢？日本銀行的壞帳越積越多，大量公司都是靠財團老大的救濟貸款苟延殘喘。日本接受救濟貸款的公司占企業總數的比率，從1991年的5%飆升到了1996年的35%。這些實際上已經無法存活、靠著銀行救濟的公司，被稱作「殭屍企業」（Zombie Companies）。銀行的報酬率也從1995年之後開始慘不忍睹，跌到了負數（圖1-14）。

可想而知，經濟的活躍源於競爭，市場上如果全都是殭屍企業，無法分辨哪家是好公司、哪家是壞公司，時間長了是會從基礎上拖垮國家的經濟，連好公司都一起被拖下水。

這種政府救銀行、銀行救財團的行為，使得大家一起苟延殘喘，讓日本大量產業完全喪失了活力。

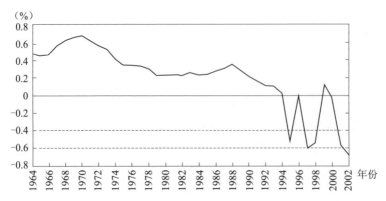

圖 1-14　日本持牌銀行的報酬率

注：由本期利潤／（總資產－匯票和擔保）計算所得。
資料來源：日本銀行家協會（JBA），各銀行財務報表

◆ 徹底崩塌

　　惡性循環越演越烈，1997年，銀行及公司難以支撐，日本政府雖然對日產生命相互保險公司（Nissan Mutual Life Insurance Company）注入大量救濟貸款，後者仍在4月宣告破產，成為二戰後日本首家破產的保險公司。

　　1997年11月，多家金融公司也都破產、倒閉。

　　1997年11月26日，大量民眾聚集在多家銀行門口想要取回自己在銀行的存款，銀行系統面臨擠兌風險。

　　銀行擠兌是民眾對銀行系統喪失信心的標誌。日本大藏省對此十分擔憂，擠兌態勢一出現，銀行肯定無法在短時間拿出那麼多現金，這將導致極大的經濟動盪甚至社會動盪。

　　大藏省立刻下令讓排隊取錢的民眾到銀行裡面，在銀行外面排長隊，容易造成更大的恐慌！並且宣布那些人要取多少錢就取

多少錢，現金不夠大藏省來解決，而且不可以聲張！此時日本所有媒體，全都一致地緘默，沒有報導此事。就這樣，一場可能對日本經濟造成毀滅性打擊的銀行恐慌性擠兌事件，被不聲不響地按了下來。

當然，這只是個小插曲，日本經濟崩塌的大趨勢無法避免，此後多家金融公司因為壞帳過多接連破產，日本大藏省和日銀終於開始強硬救市。至此，日本金融危機全面爆發。

許多銀行、公司即使接受貸款救濟也無法存活，被迫清算或者與其他公司合併，這種默默融化其實比之前的泡沫破裂來得更可怕、更深層，因為這回導致的是實體經濟的崩塌。

日本股市在泡沫破裂後又延續了長達10年的下跌，股價指數在2003年跌到了不足8,000點，不到之前最高點的1/4（圖1-10）。

日本的失業率（圖1-15）並不是在泡沫破裂之後立刻飆升，而

圖 1-15 日本失業率

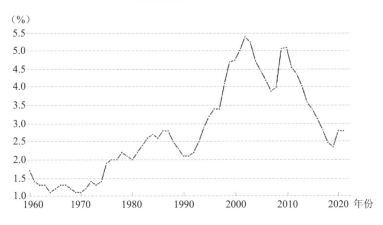

資料來源：世界銀行

是在快到2000年時才達到最高點,而且居高不下。

　　日本的自殺人數(圖1-16)也在這場危機後,於1998年後開始明顯飆升。

　　日本六大財團,由於受到1997年亞洲金融危機和2008年全球金融危機的衝擊,慢慢開始進行各種整併,政府也意識到了財團體系的危害,開始一點點地削弱銀行的權力。這些巨大的財團為了自保開始結合,變成了更大的財團,但是彼此的聯結已經遠遠沒有過去那麼緊密,對經濟的整體影響力也遠不如前了。

結語

　　由於內需不足、人口老齡化等問題,日本接著陷入了嚴重的通貨緊縮。直到如今,日本的GDP還徘徊在30年前的水準(圖1-17),這就是人們經常說的「失落的三十年」。

　　下一章,我們將繼續深入講解這30年來,日本展開的負利率、印錢、政府巨額債務等等拯救經濟的極端嘗試,以及效果究竟如何。

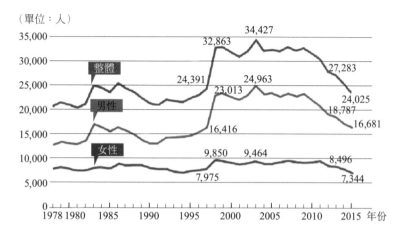

圖 1-16 日本自殺人數

（單位：人）

34,427
32,863
整體
24,391   24,963
23,013
男性
16,416
女性   9,850   9,464
7,975

27,283
24,025
18,787
16,681
8,496
7,344

1978 1980   1985   1990   1995   2000   2005   2010   2015 年份

資料來源：nippon.com

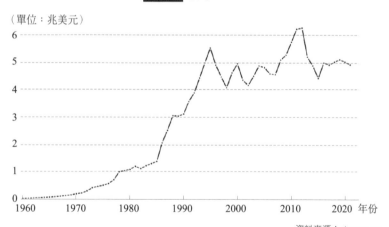

圖 1-17 日本 GDP

（單位：兆美元）

6
5
4
3
2
1
0

1960   1970   1980   1990   2000   2010   2020 年份

資料來源：nippon.com

時勢
MEGATRENDS   **047**

第二章

日本之殤（二）

失落的三十年

引言

日本在經歷長達 30 年的經濟奇蹟後，以 1985
年《廣場協議》為導火線，日圓迅速升值，日銀在
過長時間內維持低利率，過度寬鬆的貨幣政策以及
銀行過度放貸，財團體系又互相哄抬股價，吹起了
日本股市和房市嚴重的資產泡沫。更關鍵的是，這
背後醞釀的是巨大的信用泡沫。

經歷了短暫的狂歡後，日銀用力過猛的升息政
策刺破了股市和房市的泡沫，從此日本陷入了長達
30 年的經濟停滯。

在這 30 年間，日本政府為了刺激經濟，不惜
背上全球最高的國債占 GDP 比率，日銀更是瘋狂
印錢，使出渾身解數，採用各種新奇的貨幣政策，
發行的貨幣都可以買下整個日本了，但就是看不到
日本經濟重啟的跡象。更糟糕的是，印這麼多錢，
日本經濟依然難逃通貨緊縮的魔咒！

日本這 30 年，可說是不停地經歷被打擊、站
起來，再遭一記重拳的過程。

日銀和日本政府是如何一步一步被逼成這樣
的？它們究竟經歷了什麼？

▌失落的三十年始末

泡沫破裂，危機初現

　　1991年，日本股票和房地產市場的資產泡沫先後破裂，經濟迅速陷入衰退，內需委靡。

　　棘手的問題擺在日本政府和日銀面前。其實，資產泡沫破裂的問題可大可小，如果只是某項資產價值大幅縮水，民眾並不會恐慌，頂多覺得自己的資產縮水，只要減少消費就能度過危機。

　　上述這種財富效應（wealth effect）帶來的影響不會太嚴重，只要政府反應夠快、夠及時，出手果斷、調整力度夠大，是不會使經濟傷筋動骨的。我們可以參考美國2001年的網際網路泡沫，當時納斯達克指數暴跌了75%（圖2-1），實屬慘烈，但時任聯準會主席葛林斯潘（Alan Greenspan）立馬出手，在一年內把聯邦基金利率（Federal Funds Rate）從6.5%暴砍到不到2%（圖2-2），之後美國經濟又滿血復活了。

圖 2-1 美國納斯達克綜合指數

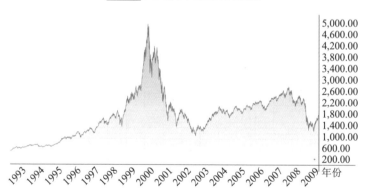

資料來源：納斯達克交易所

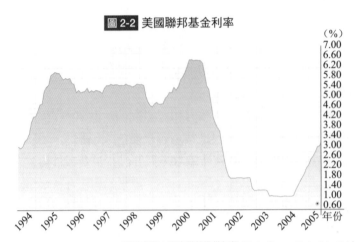

圖 2-2 美國聯邦基金利率

資料來源：紐約聯邦準備銀行（Federal Reserve Bank of New York）

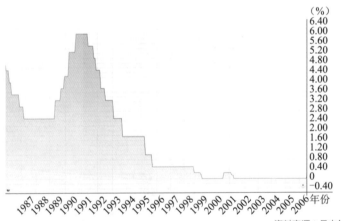

圖 2-3 日本基準利率

資料來源：日本銀行

但日銀一直猶豫不決，花了兩年半才把基準利率從6%降到1.75%（圖2-3）。

日銀本來以為降息可以使經濟起死回生，沒想到這次的危機不是簡單降息就可以緩解。失業率還在持續上升，經濟依然停滯不前。究竟是什麼原因導致以上局面？我們現在回頭看，可以看出些許端倪。

首先，日銀的反應速度與美國聯準會相比太慢、太遲緩，錯過了本來可以挽救經濟的最佳時機；但更深層的原因是日本經濟泡沫背後的信用危機（即過度放貸給無償還能力者），信用危機的影響還未結束，日本又趕上當時美國正在降息。美國當時在處理第二次石油危機之後的衰退風險，降息力度比日本更大，導致日圓在這段時期內大幅升值，從最高點1美元兌將近160日圓狂飆到1美元兌79日圓（圖2-4），日圓兌美元匯率近乎翻倍，日本的商品也賣不掉了，這對出口大國日本來說無疑是雪上加霜。

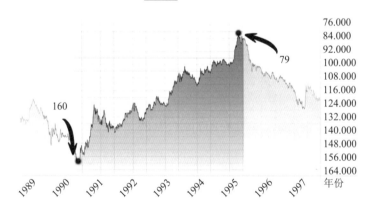

圖 2-4 美元／日圓匯率

資料來源：Bloomberg

陷入通貨緊縮的泥淖

這一階段的日本不光經濟衰退、出口萎縮，還出現了更可怕的趨勢，那就是經濟掉入了「通貨緊縮」（Deflation）的可怕漩渦。通貨緊縮，顧名思義就是負通貨膨脹，即同樣的商品一年比一年便宜，同面額的紙鈔一年比一年的購買力更強。

作為消費者，通貨緊縮表面上看對我們是有利的，但是對國家經濟來說，這到底意味著什麼？通貨緊縮實際上會引發骨牌效應：商品更便宜，公司賺的錢就會變少，從而使員工的薪資更低，普通民眾的可支配收入就會變少。說得更直白些，老百姓手裡沒有錢，就更要勒緊褲腰帶過日子，而消費力道無法復甦，市場上的總需求就會下降，從而使商品價格調降更多。

一旦經濟步入通貨緊縮，就彷彿陷入了循環，市場會越來越不活躍，變成一攤死水。所以說，通貨緊縮對經濟體而言是非常可怕的漩渦，和惡性通貨膨脹一樣，一旦陷進去，不經歷非常大的痛苦是很難逃出來的。

起初，大家也沒警覺到這個循環有那麼可怕，以為只要簡單地印印錢、花花錢，刺激一下經濟就可以了。讓全世界意識到通縮漩渦有多可怕的，正是日本。

為什麼各國央行一般會為自己設定2% ～ 3%的通膨目標呢？一方面是為了更強力地刺激消費，另一方面則是更重要的原因：為自己留緩衝的餘地。如果通膨目標只設定在1%，央行一旦沒控制好，國家就會陷入通貨緊縮的惡性循環。

日本當時面臨了陷入漩渦的極大風險。而最終跌進泥淖的根本原因是什麼？答案是「總需求下降」。

泡沫破裂之後，日本經濟委靡，民眾對未來產生預期性悲觀心態，所以不敢大手大腳花錢，恨不得一個硬幣都要掰開來花。

這也導致市場需求下降，當需求下降到夠大時，就會產生通貨緊縮。

事實上，日本在之後的30年都努力地在通縮的邊緣掙扎。歐洲也差不多，直到2022年能源危機才有所緩解。

那麼問題來了：通貨緊縮不就是物價下跌嗎？日銀為什麼不降息、不印錢？還在等什麼？

日本的對策1：財政、貨幣雙寬鬆

起初，日銀也是採用上述的應對策略。

◆ 寬鬆的貨幣政策

1995年，日銀史無前例地把基準利率降到了0.5%！現在看來，大家可能覺得0.5%的基準利率很正常，但在當時，縱觀全球經濟體，這個利率低到聞所未聞。

◆ 寬鬆的財政政策

日本政府覺得只調整貨幣政策還不夠，財政政策也得跟上，需要雙管齊下刺激經濟。寬鬆的財政政策導致了大規模赤字，政府開始大量花錢、投資基礎建設、刺激經濟，力圖拉動需求。

日本財政部的收入和支出（圖2-5），從1993年之後就開始完全不成比例。

一般而言，國家設定的總體經濟目標包括：GDP穩步增長、控制失業率和保持物價水準穩定。這些目標通常會透過貨幣政策和財政政策兩方面來調控。財政政策由財政部制定，而貨幣政策則由央行負責。

財政政策主要涵蓋政府財政收入和支出兩大方面（圖2-6）。

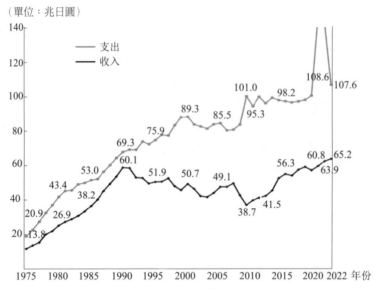

圖 2-5 日本財政收支情況

（單位：兆日圓）

資料來源：日本內閣府（Cabinet Office）

圖 2-6 財政政策運作圖

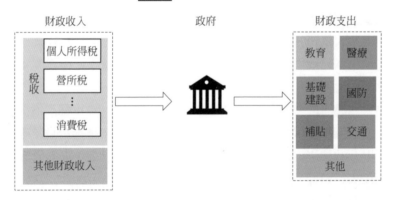

財政收入　　　　政府　　　　財政支出

稅收
個人所得稅
營所稅
⋮
消費稅

其他財政收入

教育　醫療
基礎建設　國防
補貼　交通
其他

政府收入主要來源是稅收，政府可以透過調整稅率來調節收入。支出方面，政府需要決定把收入花在哪裡、花多少，比如出資修路、蓋學校、建醫院，或者補貼農業、新能源產業等。政府「錢包」裡的盈餘或者負債太多，都會出現問題。

貨幣政策可以透過調節利率、存款準備金比率、發行貨幣三種手段來管理貨幣流通量，主要目標是控制通膨。央行制定貨幣政策時應完全獨立自主，不應受政府的影響或者迫於壓力而做出決策。否則試想，政府一邊大手大腳地花錢、一邊要求央行印鈔票，物價可就要一飛沖天了！

既然都是為了實現總體經濟目標，那貨幣政策和財政政策應該是相輔相成的。當物價水準過高、經濟過熱時，央行和財政部一般會採取「雙緊」政策：財政部紮緊褲腰帶減少支出、增加收入，減少人民手上的錢；央行提高利率，鼓勵企業和個人減少貸款、多存款，雙管齊下抑制通貨膨脹。當經濟衰退、失業率上升時，央行和財政部又會配合實施「雙鬆」政策：財政部擴大支出、減少稅收來增加人民的收入，刺激就業；央行透過降息等手段來提高貸款意願，鼓勵消費和投資活動。

但是經濟情況是複雜且多變的，如果國家出現高通膨、低經濟增長的情況，我們可能會看到「緊貨幣，鬆財政」的政策：財政部擴大支出、減稅，幫助經濟走出蕭條；央行則減少貨幣供應，透過升息抑制財政政策帶來的通膨壓力。表面上政策「打架」了，其實都是為了實現不同的總體經濟目標。

日本1995～1996年就是採取財政、貨幣雙寬鬆的政策，目的正是加足馬力刺激經濟。

◆ 雪上加霜：信用危機

這種大力度的調控效果立竿見影，日本終於趕上了美國的降息週期，使日圓兌美元匯率迅速回落到1美元兌100日圓以上。其實，現在看來，日本這波操作反倒成了後來捲入亞洲金融危機的主要原因之一，日本也因此引火上身。但至少在當時，日本國內的通膨水準、經濟發展都改善了。

一切彷彿都朝著好的方向發展。

但是不出意外，意外就要發生了……

正如前文分析的：日本的泡沫可不是簡單的資產泡沫，而是深層的信用泡沫，是信用過度擴張導致的。泡沫破裂之後，銀行內部累積了大量壞帳，最初靠著政府的刺激政策苟延殘喘，靠著財團中的「兄弟姐妹」互相幫助硬撐了幾年。

但紙包不住火。1997年，隨著多家銀行破產，日本陷入了嚴重的經濟危機，銀行所有的壞帳全部暴露，銀行體系幾乎停擺，信貸全面收緊。

銀行在經濟走下坡時肯定不敢隨便向外借貸，各家銀行身上都是一堆壞帳，誰也說不準哪天就倒閉了，所以只會把錢借給信用最好、風險最低的人，剩下的錢寧可放著也不敢再隨便外借了。

當時日本市場總貸款量，從1998年開始一瀉千里（圖2-7）。銀行放貸其實是增加貨幣數量的原因之一：銀行一旦收緊放貸，經濟系統中的貨幣總量就會急速收縮，物價開始下跌；同時大量企業因為拿不到貸款而被迫裁員甚至破產，總需求降至冰點（圖2-8）。

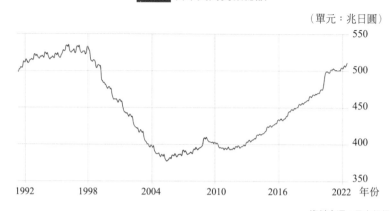

圖 2-7 日本民間貸款總額

（單元：兆日圓）

1992　1998　2004　2010　2016　2022　年份

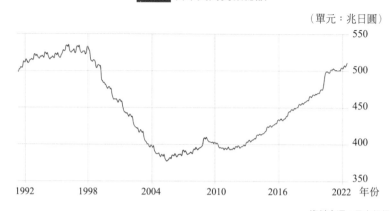

資料來源：日本銀行

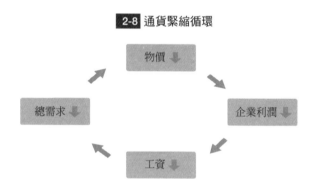

2-8 通貨緊縮循環

物價 ⬇
企業利潤 ⬇
工資 ⬇
總需求 ⬇

　　這些不利因素把日本一腳踹進了通貨緊縮的漩渦。從1998年開始，日本連續四年通貨緊縮（圖2-9），失業率飆升到歷史高點，陷入了更大的危機之中。

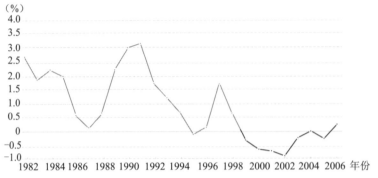

圖 2-9 日本通貨膨脹率

(%)

資料來源：世界銀行

日本的對策2：增加發行國債

　　此時，日銀已經黔驢技窮，基準利率降到0.5%，所有刺激經濟的方法都失靈了。日本政府的財政狀況也是捉襟見肘，好不到哪裡去——政府先是擴大支出以刺激經濟，後來又為了挽救銀行體系不得不自掏腰包，那所需要的錢從何來？經濟委靡，稅收又不足，政府只能不停發行國債。

　　日本2000年發行的國債總額達到了GDP的130%，這是非常恐怖的水準！歐盟創立時設定的入盟條件是此一指標在60%以下，因為歐盟認為一國的債務占比必須在60%以下，經濟才是安全穩定的。當時日本竟然超過1倍有餘，而且這還只是債務堆積的開始。

　　當時無論貨幣政策還是財政政策，對於刺激經濟已經毫無作用，利率已經沒有下降的空間了，政府又債臺高築，到底還有沒有任何有效措施，可以拯救日本經濟呢？這就逼得日本政府和日銀不得不升級相關政策。

◆ 財政政策

雖然日本政府已經負債累累,但誰說他們不能繼續降息、繼續借錢呢!於是債務規模繼續擴大,日本國債占GDP的比重直逼150%的大關(圖2-10)!

雖然這樣做無異於飲鴆止渴,但由於國債的性質允許政府借新債、還舊債,短時間內債務不會崩潰,因此政府先著眼於當下的危機,花錢再多刺激一下經濟,說不定度過這關後,經濟就會有所好轉。

◆ 貨幣政策

貨幣政策同樣如此。基準利率雖然已經降到0.5%,但誰說不能再降!不是還有0.5%的降息空間嗎?日銀索性就下降到零。

1999年4月,日銀開始實施零利率政策,也就是銀行可以在隔夜拆款市場(金融機構相互借貸形成的市場)以零利率借錢,想怎

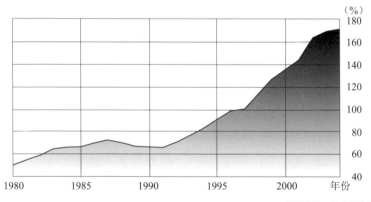

圖 2-10 日本國債占 GDP 比率

資料來源:日本財務省

麼借就怎麼借，借不到還有日銀來支應。

在此之前，全球沒有任何國家像日本這樣大規模實行零利率政策，畢竟零利率聽起來十分特殊，沒有哪家機構能保證經濟在零利率政策下可以毫無問題地運行。所以日銀在推出這個政策之後，也有些心虛，擔心零利率政策過於激進，萬一出現漏洞該如何應對？當時日銀決定這項政策只實行一年，一年後就會將基準利率調回0.5%。

結果一年之後，日銀發現這一政策似乎並無問題，而且當他們將基準利率調回0.5%後，經濟並不見好轉，信貸系統更完全無法運轉。於是，日銀不到兩個月又把基準利率調回了零。

但是，這些政策還是不夠，日本依然處在通貨緊縮的漩渦當中，到底怎樣做才能提振經濟？

日本的對策3：量化寬鬆

日銀官員絞盡腦汁，突然靈光乍現，想出了一套我們現在耳熟能詳的操作手法：量化寬鬆（quantitative easing, QE）。其實，量化寬鬆政策是日本人發明的。大家可千萬別覺得量化寬鬆政策很正常，這其實是一種非傳統貨幣政策（unconventional monetary policy）。

央行一般只能調控短期的市場流動性，量化寬鬆政策是什麼意思呢？意思是日銀需要直接去金融市場購買長期金融產品，主要是國債和公司債。

這一政策在理論上很不可思議，而且也非常不合理：一個手握印鈔大權的機構，居然可以自己印錢，自己去隨便買東西，這樣權力是不是太大了一些？而且一般經濟學家都認為這項政策會帶來通膨，但通膨正是日銀需要的結果。

於是2001年3月，日銀開動了印鈔機，正式啟動量化寬鬆政

策，大量買入日本的公司債以及國債，試圖激發日本的借貸需求，活絡市場。

日銀在迫不得已的情況下，幹了其他央行不敢幹的事情，率先當了小白鼠，各國央行都瞪大了眼睛，盯著日本這輪量化寬鬆政策效果如何。那麼，政策效果有沒有達到預期呢？

其實效果微乎其微。日本的通縮確實開始略微好轉，通膨率在零上下徘徊（圖2-9）。日銀想要刺激的借貸市場確實止住了之前暴跌的趨勢，但借貸需求回升的速度極其緩慢（圖2-7）。至於為什麼效果不好，我們會在後文討論。

禍不單行：次貸危機與福島核災

進到21世紀初，全球經濟大繁榮，幾乎所有經濟體在此階段都蓬勃發展。日本在大環境的影響下，再加上前述各種刺激經濟的策略奏效，此時總算站穩了腳跟，失業率開始逐漸下降，出口穩步上升，經濟開始慢慢恢復。

日本也在2006年停止實行量化寬鬆政策，2007年基準利率回到0.5%，打算逐漸擺脫過度激進的貨幣政策。一切彷彿都朝著好的方向發展……但是，不出意外，意外又發生了。

倒楣的日本經濟在接下來的幾年中接連遭受重創：2008年次貸危機爆發，波及全球，日本的金融市場實際上只受到了餘震，影響並不大，但委靡的全球經濟和瘋狂升值的日圓使得日本的出口受到極大的打擊，經濟再次陷入短期衰退；2011年福島核電廠事故，日本政府光是經濟損失就高達2,350億美元；同時，中國和韓國等崛起的新興市場也開始擠壓日本的出口市場。

在遭遇一記接著一記重拳之後，日本經濟又變得岌岌可危。2009年，日本通膨率一下跌至-1.1%，失業率飆升到新的高點（圖

2-11），GDP下降（圖2-12），日圓匯率飆升到歷史最高點，出口暴跌，對外貿易逆差急劇增加。

人們又嗅到了熟悉的味道，只不過這次的影響貌似比之前更加猛烈。

圖 2-11 日本失業率

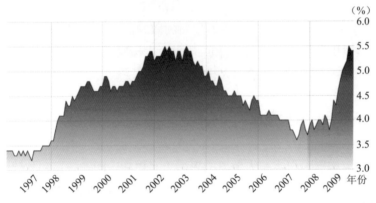

資料來源：日本總務省

圖 2-12 日本 GDP

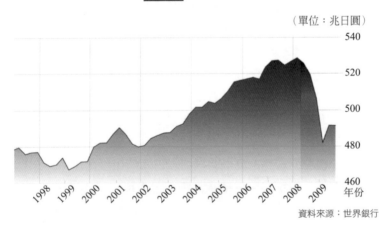

資料來源：世界銀行

日本的對策4：組合拳

日本政府又將先前那套組合拳，全都打出來。政府擴大財政刺激，國債占GDP比重超過了令人驚歎的200%；日銀才剛剛升息到0.5%，又趕緊調到了零左右，還放出了當初自己創造的「野獸」——量化寬鬆政策。

但時任日本央行行長白川方明比較保守，雖然口號喊得響亮，但新一輪的量化寬鬆政策規模和前一輪差不多。面對這次全球性的經濟危機，歐洲央行和美國聯準會都注入了幾兆美元到自家的經濟體中，日銀的資金規模和力度相比之下就跟搔癢似的，實際上沒有產生很大的作用。

日本的對策5：安倍經濟學

日本政府使出撒手鐧之後，經濟並沒有如預期那般好轉。非常時期需要非常對策和非常之人，看來，是時候再次升級相應的策略了！

2012年12月，安倍晉三再度當選日本首相；2013年3月，黑田東彥接任日本央行行長。兩個人聯手配合，完全放飛自我，又一次成為世界央行的「小白鼠」，啟動了人類近代歷史上規模最大的刺激政策，開啟了日本延續至今的「撒錢」紀元。

這裡提到了大家耳熟能詳的名字：安倍晉三。

安倍晉三其實早在2006年就接任當時的首相小泉純一郎，可是僅僅上任一年就卸任了。接下來幾年裡，日本首相這個職位成了燙手的山芋，人選像走馬燈一樣換得很頻繁，五年換了五任。直到2012年，安倍再次當選日本首相，這次他一任就是8年，成為日本在二戰之後最年輕且任期最長的首相。

在他任職的這8年時間裡，和央行行長黑田東彥聯手實施的

一系列經濟政策，被稱為「安倍經濟學」（Abenomics）。

雖說名為「經濟學」，但也不是正經八百的學術理論，安倍晉三畢竟是政客，這個詞只是用來包裝他實施的一連串政策名稱。

◆ 三支「箭」和負利率

大家有沒有聽過這個寓言故事：從前有位國王，他有三個兒子，這三兄弟之間有一些矛盾。於是國王就把兒子都叫過去，給每人一支箭讓他們折斷，他們很容易就折斷了。接著，國王又讓他們折斷三支綁在一起的箭，這次三人都沒有成功。這則寓言的意思就是告訴我們，人們要團結，團結才能更強大。

安倍晉三認為，日本之前的政策就像這一支一支箭，在推出時總是單獨使用，無法達到預期效果，所以挽救不了日本的經濟。這次他要一口氣捆綁「三支箭」，讓「三支箭」一起發揮作用，這樣必定能戰勝困擾日本多年的通貨緊縮！

於是，產生了「安倍經濟學」中著名的三支「箭」：

- 激進的貨幣政策（aggressive monetary policy）
- 靈活的財政刺激政策（flexible fiscal policy）
- 實現經濟成長的結構改革（growth strategy）

第三支「箭」大家光看名稱可能完全猜不到意思，其實安倍晉三只是把一系列雜七雜八的政策都放在這支「箭」裡，比如增加女性工作者的比例、強化育兒及教育投資、放鬆監管、貿易自由化、放寬外來移民政策等，總之就是各種政策的大雜燴。項目看來相當繁複，雖然也有發揮效果，但想要取得立竿見影的成效是不太可能的，而且這支「箭」中的許多政策在提出後，很快就

因為各種政治壓力名存實亡。

　　第二支「箭」：靈活的財政刺激政策。這支「箭」的方向十分明確，就是財政部加強力度、花錢刺激經濟。安倍直接讓它單獨成為一支「箭」。這次的財政政策更激進：大規模減免公司稅，大規模增加政府開支等。但同時，政府也大幅提高了消費稅，消費稅稅率先是從5%提高到8%，又從8%提高到10%。這個政策基本上就是政府一邊收錢，一邊花錢。這樣一來，可以讓淨財政預算不至於嚴重惡化，畢竟政府的負債率實在太高了。

　　但問題是，提高消費稅對日本的消費影響非常大，日本的個人消費支出（圖2-13）在每次加稅後都大幅下滑，一直沒有回到2014年增稅之前的水準，很多經濟學家都詬病說消費稅增加帶來的副作用，很可能大於政府花錢刺激的正面效果。所以，第二支「箭」的成效也不太明顯。

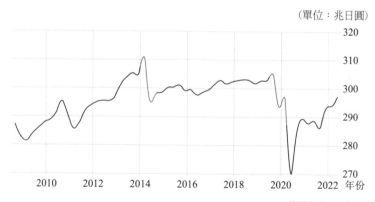

圖 2-13 日本消費者支出變化

（單位：兆日圓）

資料來源：日本內閣府

第一支「箭」：激進的貨幣政策。這才是最關鍵的措施。「安倍經濟學」雖然提出了三支「箭」，但真正發揮作用的還是第一支「箭」，也就是日銀及黑田東彥負責的部分。之前日銀為了讓經濟實現通膨，先是實施零利率，後又發明了量化寬鬆政策，這回有過之而無不及，又使出了兩大法寶。

　　首先是負利率。零利率似乎已經不足以刺激經濟，但是基準利率已經降到零，難道還要降到負值嗎？黑田東彥就認為：利率為什麼不能是負的呢？

　　如果實施負利率，用非常簡單的例子來說就是：今年我們在銀行存了100日圓，明年將只能拿到99日圓。這樣一來，沒有人會在銀行存錢，大家會取出所有現金放在家裡，至少明年100日圓依然是100日圓。按照這樣的邏輯，負利率政策無法發揮作用。

　　至少以現有的經濟學理論來說，一般消費者的存貸利率確實不能是負的。但是商業銀行就不一樣了，銀行帳上有多少現金都有清楚的紀錄，不能把錢偷偷取出來藏在枕頭底下。因此，即使是負利率，商業銀行還是要把錢存在銀行。

　　其實日本為了實施負利率，還專門研擬出一套十分複雜的機制來限制銀行體系。比如把商業銀行手中的錢分成三份，分別給予不同利率：一份利率為0.1%，一份為0，一份為-0.1%。每一份都有相應的運算方法和記帳規則，非常複雜。由此可見，日銀經濟學家這些「聰明的大腦」為了刺激經濟可是拚了。

　　從2016年開始，日本正式實施-0.1%的基準利率（圖2-14）。負利率使銀行的存款成了燙手山芋，手上留得越多虧得越多，所以商業銀行都卯足勁往外借錢或者投資，而這正是日銀想要的結果！

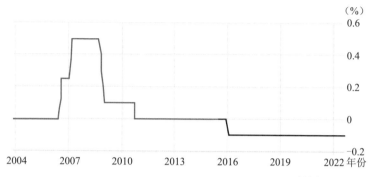

圖 2-14 日本基準利率

(%)

2004　2007　2010　2013　2016　2019　2022 年份

資料來源：日本銀行

◆ 質量兼備的量化寬鬆政策

黑田東彥的激進政策其實遠不止於此，還得加上量化寬鬆政策呢！之前兩次實施此項政策都效果欠佳，黑田東彥想來想去，再看看美國和歐洲，得出的結論是：日本之前實施量化寬鬆政策的資金規模都太小了，實行得太含蓄！量化寬鬆政策必須要再次實行，而且還要加大規模與力度！

這回日銀發明了一個新概念——質量兼備的寬鬆政策（qualitative and quantitative easing, QQE）。

在原本的量化寬鬆政策中，日銀只有購買國債、公司債券，這回政策升級了！這次實施量化寬鬆政策要有目標，也就是KPI（關鍵績效指標），日銀買國債要控制利率曲線，把10年期國債殖利率控制在0.25%以下（圖2-15）。

一般央行只能控制很短期的利率，但這回日銀要控制整條利率曲線，透過日銀開動印鈔機來買國債。這就是我們常說的「印

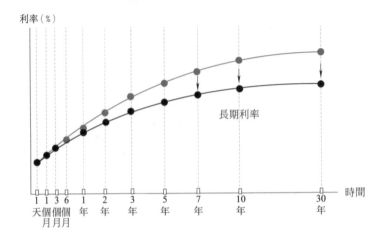

圖 2-15 日銀利率曲線控制目標

利率（%）

長期利率

時間

1　1　3　6　1　2　3　5　7　10　30
天　個　個　個　年　年　年　年　年　年　年
　　月　月　月

　　鈔票」。壓低長期利率的目的是刺激公司和個人進行長期借貸，並釋放強而有力的信號告訴大眾：日銀這次是認真的，藉此提高市場的通膨預期，目標讓日本的通膨率達到2%。

　　日銀拚盡全力開始印鈔，此時的資產負債表（即帳上資產）與前兩次實行量化寬鬆政策時的資產相比，大幅提高（圖2-16）。

　　日銀先是瘋狂買入國債，買下70%新發行的國債。但這樣還不夠，畢竟日銀不能買光國債，於是公司債、垃圾債、REITs（不動產投資信託），甚至連股票都買，這也導致日銀持有日本市場上一半的國債，並且是整個股票市場上最大的單一股東，持有將近10%的股票，2020年度日銀持有的資產是日本當年GDP的1.3倍！

　　在負利率加上「質量兼備的寬鬆政策」助力下，日本股市開始一路高歌猛進（圖2-17）；債市漲到了前所未見的水準，10年期國債殖利率一直在0左右徘徊，甚至一度達到-0.25%（圖2-18）。

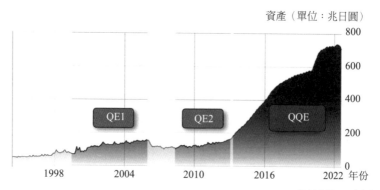

圖 2-16 日銀的資產負債表

資產（單位：兆日圓）

資料來源：日本銀行

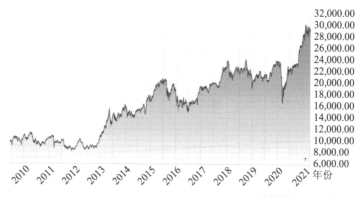

圖 2-17 日經 225 指數

資料來源：日本股票交易所

也就是說，當時日本政府借的 10 年期債務都是負利率，這種情況如果放到 30 年前，經濟學家們可能連想都不敢想。最後，房市也終於開始緩慢上漲。

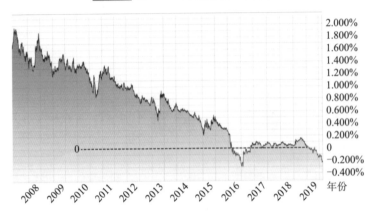

圖 2-18 日本 10 年期國債殖利率變化

2.000%
1.800%
1.600%
1.400%
1.200%
1.000%
0.800%
0.600%
0.400%
0.200%
0
−0.200%
−0.400%

2008　2009　2010　2011　2012　2013　2014　2015　2016　2017　2018　2019　年份

資料來源：Bloomberg

「安倍經濟學」的成果：理想豐滿，現實骨感

　　經歷如此激進的貨幣政策、如此激進的「安倍經濟學」，日本的經濟總該拉回正軌了吧？結果如何呢？

　　先來看看經濟增長。在以日圓計價的日本GDP走勢圖中，我標出安倍晉三任期內的GDP（圖2-19），排除新冠疫情期間，GDP確實在增長，但日銀印了那麼多錢所達到的效果僅僅如此？這增長速度還不如2008年之前呢！

　　日銀印了那麼多鈔票，萬眾期盼的通貨膨脹總該到來了吧？觀察圖2-20所示日本這一期間的通膨趨勢，是不是和GDP走勢感覺有點像？通膨率確實是正數了，終於擺脫通貨緊縮，但日銀印了那麼多鈔票，還是沒有達到預期的效果。

　　「安倍經濟學」最顯著的效果，其實是資產價格的狂歡：股

市、債市都一路高歌猛漲。這是不是有點諷刺？「安倍經濟學」確實有效，但是從我們以上分析的資料來看，也不能算是成功，畢竟日銀付出的代價實在太高了。對比美國，聯準會也是瘋狂實

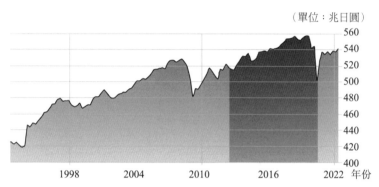

圖 2-19 安倍晉三任期內的日本 GDP（深色部分）

（單位：兆日圓）

資料來源：世界銀行

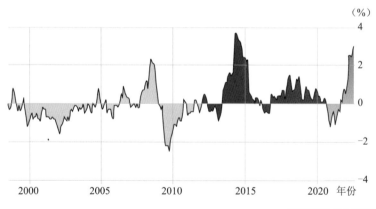

圖 2-20 安倍晉三任期內的日本通貨膨脹率（深色部分）

（%）

資料來源：日本總務省

施量化寬鬆政策，股市也是一路暴漲，但美國經濟多年來都在持續增長。

▌經濟刺激政策為何未達預期？

日本從1991年經濟泡沫破裂開始，為了自救，財政部持續擴大負債規模、花錢刺激經濟；日銀更是不斷推出零利率、量化寬鬆政策、負利率、質量兼備的量化寬鬆政策，力度一次比一次大，就是為了實現通貨膨脹和經濟成長，但為什麼負利率加上瘋狂印錢，依然無法換來通貨膨脹呢？

失敗1：人口高齡化，導致內需不足

熟悉日本經濟的讀者可能已經在心裡嘀咕了：人口這麼重要的問題怎麼能不提呢？日本的政策，尤其是2010年之後實行的政策，為什麼收效甚微？最主要的原因就是人口高齡化問題。人口其實是經濟發展的原始推動力。2020年日本的人口結構如圖2-21所示，底部是新生兒的數量，上面是老人的數量。中間靠上的位置有一段人口爆發期，來自於二戰和戰後嬰兒潮，日本在那時期有長達30年間生育率都很高。這些人就是現在40～70歲的中高齡者。問題在於2010年之後，這波嬰兒潮時期出生的人開始退休，而後面補上來的人口越來越少，老人在社會中的占比越來越高，勞動力人口比例持續下降。恰巧日本又是全球最長壽的國家之一，人均預期壽命為85歲。

當然，壽命長對個人而言肯定是好事，但是從經濟的角度來看，這意味著什麼？老年人是社會需求最不旺盛的群體，他們有

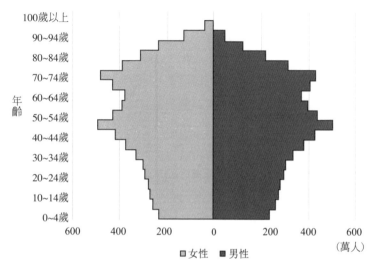

圖 2-21 2020 年日本人口結構

年齡

100歲以上
90~94歲
80~84歲
70~74歲
60~64歲
50~54歲
40~44歲
30~34歲
20~24歲
10~14歲
0~4歲

600　400　200　0　200　400　600
（萬人）

■ 女性　■ 男性

資料來源：日本總務省

錢不會亂消費，在拿到錢之後大部分用來儲蓄；同時，正值工作年齡的人要投入越來越多錢照顧老人；政府也要花越來越多社會保險支出來保障老年人的福利。這都會大幅抑制經濟的總體需求。

正如我們之前提到的通貨緊縮漩渦，人口高齡化帶來的需求下降就是一股持續不斷的巨大潮汐力，把日本經濟拉向漩渦。一旦進入漩渦，因為經濟委靡，不僅社會需求不足，連投資機會都會減少。

對於企業而言，無論是擴大生產、行銷或收購，機會也都變少，還不如把錢分了呢！於是，日本企業最愛的事情就是分紅，或者把錢拿去買股票、買地、買房、買國債或者到海外投資，所

以日本才有巨額的海外資產。

　　個人也是一樣，需求不足的時候，把再多的錢塞到消費者手中，他們一轉頭不是存進銀行，就是去買房、買股票，鈔票從日銀出來溜達了一圈就流進資本市場，而不是像政府期望的進行消費，在經濟體中流轉。沒人花錢消費，就沒人賺錢，日本還是打不破這個循環。這就是為什麼日銀無論印多少錢，始終都無法帶來通膨，而只能看到資產價格一路飆升。

　　其實不光日本，希臘、韓國都面臨類似的問題。尤其是韓國，其人口結構簡直就是「完美」的大肚子形態（圖2-22），幾乎所有人口都集中在中間的工作年齡，底層的新生兒數量少得可憐，這也解釋了為什麼韓國政府為了生育率問題都快急瘋了。

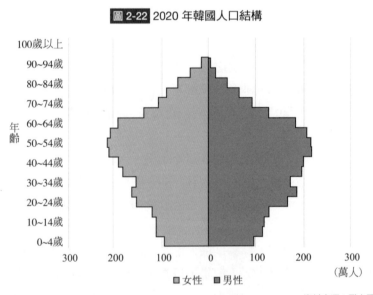

圖 2-22 2020 年韓國人口結構

年齡
100歲以上
90~94歲
80~84歲
70~74歲
60~64歲
50~54歲
40~44歲
30~34歲
20~24歲
10~14歲
0~4歲

300　200　100　0　100　200　300
（萬人）

■ 女性　■ 男性

資料來源：聯合國

失敗2：價格預期的錨定

導致日本刺激政策失靈的因素除了人口，還有另一個原因就是價格預期的錨定。在日本，大家普遍擁有一個強烈的共識：價格是不變的。一件商品若是漲價，大家就不會買帳，進而抵制這種商品，商家甚至會因漲價而向消費者道歉。

所以當成本上升時，商家通常不會馬上考慮漲價，而是削減成本，勒緊腰帶，甚至會降低員工薪資。也就是說，價格預期一旦固定，要重新調整價格的可能性很低，難度也很高，想要調整價格，就需要足夠大的力量讓幾乎所有商品同時漲價。

日銀採取極度激進的貨幣政策，目的除了注入流動性、控制長期利率，另一個很重要的目標就是向消費者傳遞重要訊號：我使勁印錢呢，大家可以一起漲價啦！可是效果並不理想，可見這種改變有多困難。

而且日本的職場文化是終身雇用制，員工極少跳槽。這也是日本的失業率比其他國家低許多的原因，雖說保證了工作的穩定性，但雇主同時也沒有員工跳槽的壓力。老闆會想：反正員工不會跳槽，我就不用漲工資了。這就是為什麼日本的薪資水準在1990年代之後幾乎沒有改變（圖2-23）。

也就是說，從產品價格到員工薪資都沒有變化，而漲薪資是實現通貨膨脹非常重要的一環，不漲薪資整個經濟體就像被釘死一樣，即使無限制地往裡面扔錢，錢也會因為消費需求、投資需求不足而很快流到資本市場。

所以說，人口高齡化和錨定的價格預期是日本難以出現通貨膨脹的主要原因。當然，還有一些其他理論，比如日本金融體系問題、經濟結構問題等，但這些解釋並不全面，因此不再贅述。

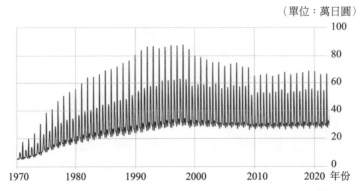

圖 2-23 日本人均工資

（單位：萬日圓）

注：圖中的尖形凸起是因為這是彙整各季的資料，包含了週期性獎金。
資料來源：日本厚生勞動省

▍日本的現狀：迎來通膨

雖說「安倍經濟學」的效果不太理想，但是日本政府好像也沒想到更好的辦法，這也是安倍晉三能保住首相職位，甚至在卸任之後，日本依舊延續他這套政策的一部分原因。

2020年全球新冠疫情爆發，又一記重拳打在日本的臉上，當然也打在全球所有國家的臉上，各國都忙於經濟刺激政策進行自救。2020年第二季，日本的GDP（圖2-24）、總需求（圖2-25）和出口（圖2-26）全部暴跌。

日本政府大概也十分無奈，怎麼又來一拳，而且感覺一拳比一拳猛⋯⋯日銀和財務省只好實施新一輪的刺激政策。

財務省推出了號稱日本歷史上最大的刺激政策，拿出約1兆美元。注意，這1兆美元可不是日銀印出鈔票就好，而是財務省

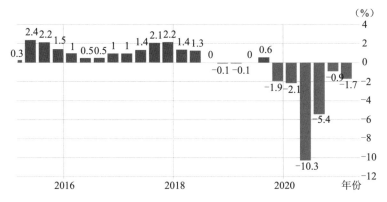

圖 2-24 日本近年 GDP 成長率

資料來源：世界銀行

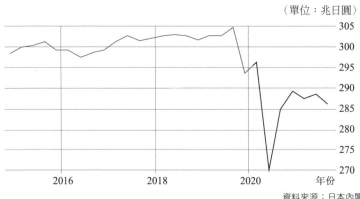

圖 2-25 日本的總需求變化

（單位：兆日圓）

資料來源：日本內閣府

的借款（負債）。這讓日本國債占GDP比重飆到了260%（圖2-27）！這些債務日本政府就算不吃、不喝、不花錢、只收稅，也要20年才能還清。

日銀原本印的鈔票就已經快買下半個日本了，但現在只能繼續啟動印鈔機，再一次擴大資產負債表（圖2-28）。

此次日本反應得夠及時，力度也夠猛，經濟迅速回升，失業率也馬上回落（圖2-29）。緊接著由於全球供應緊缺，日本的出口也開始大幅上揚（圖2-30）。這次的刺激政策總算有所成效。

2022年俄烏衝突引發國際油價暴漲，讓日本終於等到了久違的通貨膨脹（圖2-31）。雖然這種輸入性通貨膨脹對一國經濟來說並不一定是好事，但日本已經無法顧慮這麼多了，只要是通貨膨脹，他們都歡迎！

圖 2-26 日本近年出口總額

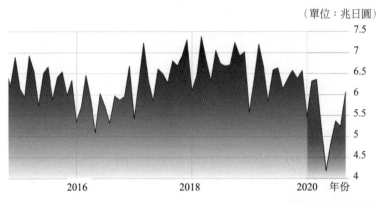

（單位：兆日圓）

資料來源：日本財務省

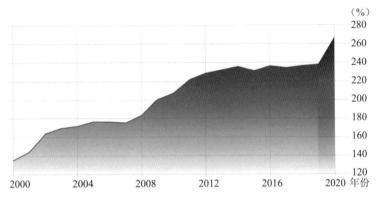

圖 2-27 日本國債占 GDP 比率在 2020 年後驟升

(%)

資料來源：日本財務省

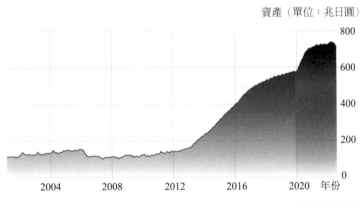

圖 2-28 日銀資產負債表進一步擴大（2020 年後）

資產（單位：兆日圓）

資料來源：日本銀行

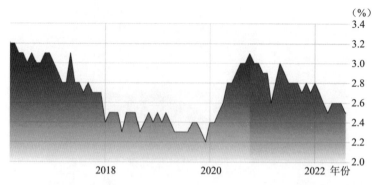

圖 2-29 日本失業率開始回落（2020 年第二季後）

（%）

2018　　　　2020　　　　2022 年份

資料來源：日本總務省

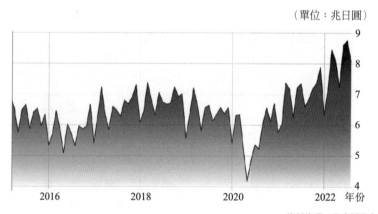

圖 2-30 日本出口總額開始上升（2020 年第二季後）

（單位：兆日圓）

2016　　　2018　　　2020　　　2022 年份

資料來源：日本財務省

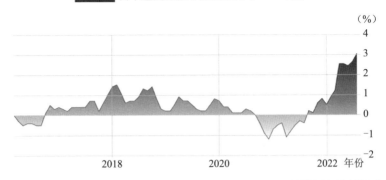

圖 2-31 日本通貨膨脹率開始上升（2022 年後）

資料來源：日本總務省

結語

　　看到再次啟動的通貨膨脹、快速提升的出口、持續下跌的失業率、飛漲的股市，日本總算結束了噩夢般失落的30年嗎？日本高達260%的國債占GDP比重，大家不擔心嗎？為什麼日圓匯率在2022年持續暴跌，國際投機資本大舉做空日圓？為什麼一向穩定的日本國債在2022年6月突然崩盤？下一章，我們來聊聊2022年日圓和日債經歷的腥風血雨。

第三章

日本之殤（三）

匯率暴跌、債市閃崩

引言

　　最近幾年日本經濟就像坐雲霄飛車，忽上忽下，十分不穩定。2022 年 3 月開始，日圓匯率連續暴跌，有一瀉千里之勢，一路暴跌至 1997 年亞洲金融危機以來的最低點，一向穩如磐石的日本國債也在 2022 年 6 月突然崩盤，日本雖然迎來了久違的通貨膨脹，卻高興不起來。

　　本章將為大家解讀 2022 年日本資本市場的動盪及其與國際資本市場的博弈。

▎日圓匯率暴跌的來龍去脈

我們先來談談日圓匯率從 2022 年 3 月開始暴跌的來龍去脈。如圖 3-1 所示，淺色線代表這一年日圓兌美元匯率（後文提及的日圓匯率均為日圓兌美元匯率）的走勢，而深色線代表美國和日本 10 年期國債的利差，二者相關性極高。

日圓匯率漲跌都與這條深色的曲線相關。簡單來說，國債殖利率代表了對應貨幣的投資報酬率，當日本的國債殖利率相對美國越高，說明日圓的投資報酬率越高，投資日圓的人會越來越多，日圓就會升值，反之同理。所以國債利差和匯率是高度正相關的。

圖 3-1 日圓匯率暴跌

（單位：一個基本點〔1b.p.＝0.01%〕）

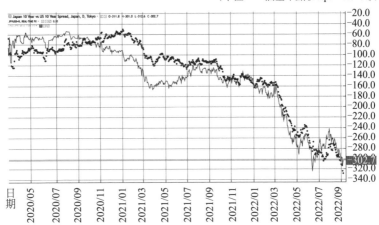

日期

注：縱軸坐標為日本 10 年期國債殖利率和美國 10 年期國債殖利率差，由「日本 10 年期國債殖利率－美國 10 年期國債殖利率」計算得來。

資料來源：Investing.com

這就是為什麼美國一升息，其他國家也會被逼著一起升息，否則本國貨幣兌美元就要大幅貶值。

當然，兩者的相關性實際上沒有圖3-1顯示的這麼強烈，其中還包含一些隨機因素。如果把時間軸拉長，兩者之間其實有很大的差異，畢竟影響匯率的因素太多了，不能只用利差來解釋。

我簡單梳理2022年的全球經濟大事件，大致可以串成以下發展鏈：俄烏衝突導致能源危機，油價暴漲，導致美國通膨進一步加重，逼得聯準會趕緊升息，升息導致美國10年期國債殖利率飆升，和日本10年期國債利差大幅增加，使得資本流向收益率更高的美元，最終導致日圓兌美元匯率的暴跌。

許多人都意識到其中的關聯。一聽到聯準會要升息，做空日圓馬上成為全球對沖基金最火熱的年度交易策略。

· 經濟學小知識 ·

「國債殖利率」和國家經濟的關係

國債，顧名思義是國家以自身信用為基礎，以籌集資金為目的，由中央政府向大眾發行的債券。國債的持有者可以是金融機構，如商業銀行、養老基金、對沖基金等，也可以是私人企業、個人投資者和外國投資人。國債持有者是國家的「債主」，國家需要按時還本付息給他們。因此，債券的殖利率也對應著債主獲得的收益率。

國債的價格會隨著需求增加而上漲似乎很容易理解。買的人變多，價格自然就會提升。相較之下，債券價格越高則利率越低，就似乎讓人摸不著頭緒，到底債券是如何定價的？

投資者購買債券，就是看中了債券帶來的穩定現金流。假設有一張5年期債券，票面價值（par value）是1,000元，殖利率是5%。這表示在接下來的5年裡，投資者每年底都會獲得50元利息，第五年底還能拿回本金1,000元。

　　債券定價的原理是現金流折現，也就是把未來的錢折算到現在。我們都知道「今天的1元不等於明天的1元」。想像一下在西元2000年，人民幣100萬元就可以在中國一線城市北上廣深（指北京、上海、廣州、深圳）買到中心地段的房子。但到了2020年，該地段房價動輒每平方公尺（約0.3坪）幾萬元人民幣，甚至十幾萬元人民幣，200萬元人民幣可能還湊不到頭期款，就是這個道理。

　　我們需要給未來的現金打多少折扣，就是用多少的折現率將其折成現值。假設折現率為6%，這表示今年的100元和明年的106元價值相同。再用上段敘述為例，我們可以把每年折現後的未來現金流加總，得出債券價格：

$$債券價格 = \frac{50}{(1+6\%)} + \frac{50}{(1+6\%)^2} + \frac{50}{(1+6\%)^3} + \frac{50}{(1+6\%)^4} +$$

$$\frac{50}{(1+6\%)^5} + \frac{1\,000}{(1+6\%)^5}$$

$$= 957.88\,元$$

　　由此可以看出，債券殖利率（收益率）與價格呈完全負相關。影響債券殖利率的因素通常包括：信用風險、通膨率和到期日。通常，債券殖利率與這些因素正相關。

　　債券評等機構會對各國債券進行評級，美國和日本作為經濟發達國家，國債的信用風險幾乎可以忽略不計，屬於無風險債券（risk-free bond）。一些新興國家和開發中國家，由於國家自身的信用風險較高，故發生違約的機率大於已開發國家，他們的國

債殖利率往往也高於已開發國家。

　　對於到期期限更長的國債，投資人也會要求更高的回報，來彌補長期持有帶來的流動性風險。就像銀行的定期存款，一般情況下，儲蓄時間越長利率越高。因此，正常的殖利率曲線是向上傾斜的（圖3-2，稱為正常狀態）。

　　根據一國總體經濟情況的不同，殖利率曲線可能呈現不同的形態。比如某國央行採用寬鬆的貨幣政策，以刺激借貸和投資等經濟活動，從而提升國民總需求。投資者預期未來的經濟大環境好轉，物價水準上升。長期國債殖利率除了需要補償時間和流動性風險，還要彌補通貨膨脹升高的影響，因此殖利率曲線會變得更加陡峭（圖3-2，稱為陡峭狀態）。相反地，如果投資者認為短期內經濟呈現衰退，至少短期內對經濟發展沒信心，則可能拋售短期國債，轉向購買長期國債。高漲的需求拉高了長期國債價格，因此殖利率下降，出現殖利率曲線倒掛的局面（圖3-2，稱為倒掛狀態）。

　　一般而言，在經濟大環境樂觀、市場訊息充足、通貨膨脹預期走高的情況下，國債的殖利率曲線呈上升趨勢的機率很高。反之，在經濟面臨衰退、市場信心不足時，殖利率曲線倒掛也不足為奇。

圖 3-2 國債殖利率曲線與持有時間的關係

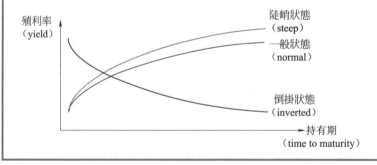

▋日圓匯率暴跌導致的後果

匯率漲跌對經濟的影響不像股票或房地產投資那麼絕對：上漲就是好事，下跌就是壞事。

那麼，日圓匯率暴跌意味著什麼呢？

首先，日本的商品在國際市場上更便宜了，這樣就能刺激出口；其次，外國商品進口到日本市場變得更昂貴了，就會帶來通膨。

輸入性通貨膨脹加劇

我們在前兩章曾多次提到，日本在歷史上作為出口大國，一直都力求日圓貶值，日圓升值反而是導致多次危機的重要原因。所以一般而言，日本政府聽到日圓貶值，心中應該是很高興的，但是，這次他們卻不太開心。

首先是因為這次的匯率暴跌，日圓兌美元匯率是直接從1美元兌115日圓變成了1美元兌145日圓（圖3-3）。相比可控的、慢慢悠悠的下跌，暴跌比較麻煩，會導致國內需求下降。日本政府發現國際市場上的商品在國內突然貴了許多，油價更是翻了1倍多，而且石油還是以美元計價，若用匯率暴跌的日圓購買石油就更貴了。民眾看到東西突然間變得這麼貴，心理上肯定無法接受，就都不買東西了，總需求於是驟減。

政府最不願意看到的就是總需求下降。這也是為什麼大家一致認為輸入性通貨膨脹不是好預兆。

而且，日本也已經不是20世紀時的出口大國了。2008年之後，日本經常處在貿易逆差，即進口的商品比出口的商品多。對日本而言，日圓貶值，許多外國的商品又不得不買，更是加劇了出現輸入性通膨的趨勢。

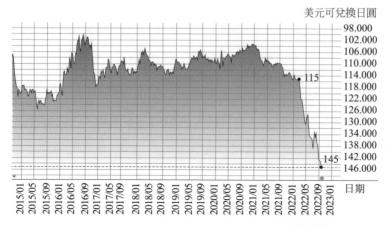

圖 3-3 日圓兌美元匯率

美元可兌換日圓

98.000
102.000
106.000
110.000
114.000
118.000
122.000
126.000
130.000
134.000
138.000
142.000
146.000

115

145

日期

2015/01
2015/05
2015/09
2016/01
2016/05
2016/09
2017/01
2017/05
2017/09
2018/01
2018/05
2018/09
2019/01
2019/05
2019/09
2020/01
2020/05
2020/09
2021/01
2021/05
2021/09
2022/01
2022/05
2022/09
2023/01

資料來源：TradingView

◆ 資本市場動盪不安

日圓匯率暴跌還有一個更麻煩的後果——嚇退國際投資者，並且吸引很多國際投機客，造成資本市場的長期動盪。

首先，與日本有長期貿易往來的國家肯定不希望日圓匯率像坐雲霄飛車似的大起大落，日圓一直以來都是以低波動率聞名天下，這也是它在市場上具有高流動性且受到信任的重要原因。

其次，金融市場也不希望日圓匯率大幅波動。日圓在金融市場的交易量很大，穩居全球第三，其中一個重要原因就是日圓存在大量的利差交易（carry trade）。

對利差交易的投資人來說，這種交易存在一個很高的風險——在一開始要先把日圓換成他國貨幣，等到想要退出平倉（結清）時，需要反向將貨幣兌換回來。如果在兩次操作期間，日圓突然變得很值錢，投資人很可能得不償失，利差收益全部虧

光。如果對這種風險進行對沖交易，成本往往很高，會失去套利空間。

所以利差交易一定要選匯率非常穩定的幣種，不然就不是躺著賺錢，而是「考驗心臟」的投資策略了。日圓匯率大部分時間都非常穩定，所以才這麼受歡迎。可是這回日圓匯率波動太大，國際投資者看到苗頭不對，認為日圓不再適合套利，就大規模撤資。

不光是利差交易，所有在日本投資的國際資本都非常不願意看到日圓匯率大幅波動，如果持續下去，國際資本肯定會逐漸減少頭寸。而且日圓不只是熱錢的主力標的，還是全球各國國庫的第三大儲備貨幣，從國家層面看，日圓匯率暴跌也可能會減少各國的日圓外匯儲備。

這樣一來，日圓在國際金融體系中的地位就會下降。所以長期來看，日圓匯率暴跌對日本資本市場的負面影響難以估計。

・經濟學小知識・

利差交易

利差交易的原理是：假如日圓的利率接近零甚至為負，美國的利率明顯高於日本（比如為2%），利差交易的投資人就可以進行以下操作——首先在日本以極低的利率借錢，把日圓換成美元，用於購買美國國債等高利率投資商品，到期後再將其賣出換回日圓（圖3-4）。這樣就可以利用日本和美國的利差來獲得更高的收益。

這種獲得被動收入的操作從2000年左右興起，是躺著賺錢

圖 3-4 利差交易操作圖

的方式。全球有許多基金公司、養老金公司、保險公司樂此不疲地進行這種交易，日圓利差交易量在 2008 年之前就已經達到上兆美元規模。

不只日本，瑞士也一直維持著低利率甚至負利率（圖3-5），所以瑞士法郎也是利差交易非常主要的標的貨幣。這就是為什麼儘管瑞士經濟體規模不大，但貨幣交易量卻相當可觀的原因。

利差交易也讓日圓和瑞士法郎成為避險貨幣。

避險貨幣就是大家在遇到風險、黑天鵝事件爆發時，會一

圖 3-5 瑞士利率

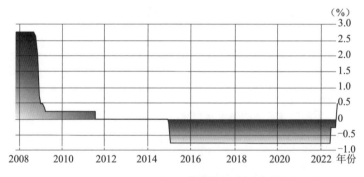

資料來源：瑞士中央銀行（Swiss National Bank）

窩蜂跑去買的貨幣。其中很重要的原因是一旦發生黑天鵝事件，大家就都要清倉自己的頭寸，現有的利差交易必須平倉或對沖匯率風險，就要大量買入匯率相對穩定的貨幣，比如日圓或瑞士法郎，從而造成這兩種貨幣在風險時期價值會上漲。久而久之，這兩種貨幣就成了「避風港貨幣」（safe haven currencies）。

▌日本政府的兩難處境

日圓匯率暴跌，在導致本國需求降低的同時還促使他國資本外逃，日本政府肯定很著急，那有什麼辦法能讓日圓不要貶值得如此嚴重呢？

答案似乎很簡單──日本跟著美國一起升息！

但對日本來說，要實現升息卻十分艱難。

全球都在猜，日圓會升息嗎？

前文提到日圓兌美元匯率跟兩國10年期國債的利差正相關。在美國、英國的10年期國債殖利率都超過3%時，日本的國債殖利率卻還是0.25%（圖3-6），這樣巨大的利差，導致日圓貶值。

按照這個邏輯，日本政府只要提高10年期國債殖利率，就能讓日圓不再貶值對嗎？但我們在上一章介紹過，日銀正在實施質量兼備的量化寬鬆政策，不計代價地印鈔票購買日本國債，目的就是將國內長期利率控制在低於0.25%的水準，來刺激國內經濟（債券的價格和殖利率呈完全負相關，債券價格越高，殖利率越低。所以不斷買入國債，就可以把利率控制在0.25%以下）。因此，如果現在升息

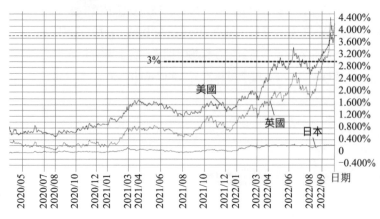

圖 3-6 美國、英國、日本的 10 年期國債殖利率

資料來源：Bloomberg

來讓日圓升值，就和之前長期堅持的目標相衝突了。

因此，日銀在升息問題上面臨兩難困境：究竟要不要跟著美國一起升息，來控制日幣的貶值呢？於是，2022 年 4 ～ 5 月，金融市場上的兩大話題就是：猜測聯準會的升息節奏，以及日銀是否會鬆口跟著美國升息。

那麼，升息與不升息到底對日本意味著什麼呢？

如果不升息，日圓匯率就很有可能持續暴跌，誰也不知道會跌到什麼程度，持續下去很有可能會導致通膨過高、需求萎縮和金融市場動盪。

如果升息，日圓貶值的趨勢會減緩，但同時也會抑制本國的貨幣流通，這同樣會抑制需求。前兩章提到，日本多年以來的人口高齡化和信貸市場委靡，導致國內需求一直低迷，現在升息會不會使這一情況雪上加霜呢？

另外，提高國債殖利率還會導致一個更麻煩的問題——債務升高。國債殖利率不僅僅象徵著國家的利率水準，這些利率產生的所有收益都是日本政府的債務。而日本政府早就處在借新債還舊債的循環中了，其債務比重冠絕全球，達到了GDP的260%，共計10兆美元。在最近十幾年利率幾乎為零的情況下，日本政府每年都要拿出將近20%的財政收入去支付國債利息，如果所有債券殖利率都上升1%，那日本政府的收入連償付利息都不夠。

　　現在大家應該清楚利率對日本政府財政的影響了，這也是為什麼古典經濟學理論認為國家發行的國債總額不能超過GDP的100%。日本之所以能夠保持260%的負債率，首先要感謝日銀一直以來的大力支持，讓政府能以低到接近零的利率發債，而且50%日本國債其實都握在日銀手中，如果真有一天還不出錢，那日銀肯定要聽政府的，自家人賴掉自家人的帳。

　　最終日銀權衡了一番，認為放鬆控制利率曲線的風險實在太高，而且2022年是黑田東彥任期的最後一年，他可不想再出紕漏，所以日本國內分析師幾乎都認為日銀不太可能放寬10年期國債0.25%的收益率上限。

▎外國資本做空日本國債

　　但有些外國資本卻不信邪，認為日本政府可能會放寬0.25%的利率上限，就開始大量做空日本國債和國債期貨，押注利率會上漲。一旦日本政府鬆口，不再撒錢買國債，國債就會暴跌，利率就會暴漲，這些外資就能大賺一筆。

　　自2022年3月日圓匯率暴跌開始，外資就一直在做空日本國

債，想把利率推到0.25%以上，而日銀則不斷買進國債，把利率壓在0.25%以下，雙方展開了「國債殖利率保衛戰」。所以我們可以從圖中看到，日本10年期國債殖利率一直在0.25%左右徘徊（圖3-7）。

從3月開始，雙方激戰越演越烈，國債交易量持續上升，在2022年6月達到了高峰，多次出現國債盤中崩盤，日銀立刻出手買回來的情況。這些外資希望像當初索羅斯攻擊英鎊和泰銖一樣攻擊日本國債，向日銀表明市場的強烈意願，逼日銀就範。

當年索羅斯做空英鎊，英國政府不得不動用外匯儲備來跟熱錢硬碰硬較量。但日銀跟當年的英國不同，日銀可以自己印鈔票，手中有無限量的「彈藥」，取之不盡、用之不竭，外資怎麼可能贏得過。

圖 3-7 日本 10 年期國債殖利率

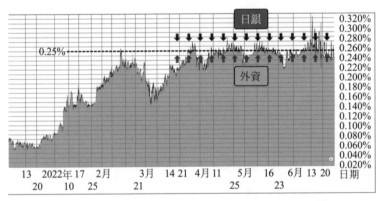

資料來源：Bloomberg

索羅斯攻擊英鎊

索羅斯於1992年9月對英鎊發起攻擊，直接導致了歐洲匯率機制（Exchange Rate Mechanism, ERM）崩盤。索羅斯也因此受到很多金融巨鱷、經濟學家的抨擊，但他本人卻賺得盆滿缽滿，名聲大噪。那麼，索羅斯是如何靠著做空操作，擊潰英鎊這棵堅挺的大樹呢？

二戰之後，歐洲各國為了自身的穩定，並對抗勢如破竹的美國，建立了一個跨國聯盟——歐洲匯率機制，也就是歐盟的前身。儘管成員國仍然使用本國貨幣，但他們達成共識，將各國的匯率聯繫在一起。成員國的貨幣匯率必須緊緊咬住德國馬克，上下波動不得超過6%。歐洲匯率機制成立的初衷是讓投資人和進出口貿易企業不用擔心匯率大幅波動帶來的損失，便於簽訂長期穩定的商業合約，促使商品和資金在成員國之間順暢流通。

但這麼做會產生一個問題：如果某成員國經濟衰退，需要降息刺激經濟和生產，而德國央行正在升息控制通膨，一邊降息，另一邊升息，利差就會讓資金流向德國，導致馬克升值、該成員國的貨幣貶值；而且如果利差持續，匯率波動很有可能超過6%的上限。因此，各成員國為了保持和德國馬克的匯率穩定，就會限縮利率的調整空間。成員國必須緊跟著德國的步調同步升息或降息，一旦落隊，歐洲匯率機制就無法維持。

我們回頭看當時的經濟背景。1990年德國統一後，德國政府大量印鈔建設原東德，通貨膨脹嚴重。通膨壓力迫使德國央行升息。反觀1990年代的英國，經濟衰退，失業率上升，英國央行急需降低利率來解決問題，可是一旦降息，英鎊可能就與德國

馬克脫鉤了。此時的英國，就像翅膀被綁住的雄鷹，眼睜睜看著企業倒閉，人民無法償還房貸，無計可施。

敏銳的索羅斯很快就捕捉到此一現象，他篤定英國政府必定會為了拯救經濟，而退出歐洲匯率機制，到時候被高估的英鎊將會面臨崩盤。為了驗證自己的理論，索羅斯在開始「攻擊」英鎊前，先將這套理論在芬蘭和義大利小試牛刀，結果不出所料，芬蘭馬克和義大利里拉都跌破了歐洲匯率機制設定的下限。初嘗甜頭後，索羅斯把槍口對準了英國。

當然，一開始英國政府還是發揮了老牌強國一貫的作風，強硬宣稱自己有能力維持英鎊和德國馬克的匯率。投機者賣多少英鎊，英國政府就買多少。但索羅斯早已預料到英國的外匯儲備不足以支撐英國政府「想買就買」的豪言壯志，他用自己的資產和黃金做抵押，透過各種管道借英鎊。

1992年9月16日，猛攻開始了。索羅斯帶領的量子基金（Quantum Group of Funds）開始瘋狂拋售英鎊，這一重磅炸彈讓英鎊匯率直接跌破歐洲匯率機制所規定的下限。英國央行慌了，花費鉅資在市場上買入英鎊，但這些錢如同沉入海底，沒有激起一絲水花。原來索羅斯在市場輿論方面也做足了功課，不斷散布英鎊貶值的消息，市場上看空英鎊的局勢已經形成，英國本土的銀行業、金融機構甚至個人也加入了做空的隊伍，大家都爭先恐後地在市場上拋售英鎊。英國央行仍垂死掙扎，不顧低迷的經濟環境，在一天內兩次大幅度升息，將利率從10%提高到12%，再升到15%。從這些操作來看，我們可以強烈感受到英國政府當時背水一戰的決心。

然而，做空的力量實在太大，英國政府施展了所有對策仍無力回天。就在當天晚上7點，時任財政大臣拉摩（Norman Lamont）召開記者會，宣布英國退出歐洲匯率機制，從此英鎊匯率隨市場供求波動，英鎊兌德國馬克的匯率逐步下跌（圖3-8）。而索

羅斯則低價買入英鎊，帶著超過10億美元的收益，全身而退。

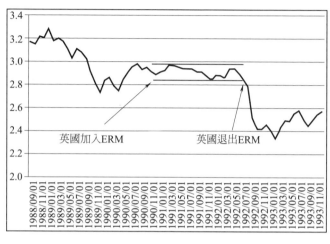

圖 3-8 英鎊／德國馬克匯率變化

資料來源：英國央行

　　圖3-9為日銀買入國債的速度，日銀在6月印刷價值上兆美元的鈔票購買日本國債。從5月初到7月，日銀持有的日本10年期國債增加了將近1,000億美元。

　　以至於日本國債殖利率曲線，在10年期處出現了凹陷（圖3-10，日本國債殖利率曲線原本應該像深色線一樣，但2022年6月卻變成了淺色線）。

　　外資既然知道日銀有無限彈藥，那為什麼還要跟日銀硬碰硬呢？其實他們的想法是可以理解的——外資並非要打垮日銀，而是想讓日銀看到市場的供需不平衡，從而放寬利率的控制。日本

圖 3-9 日銀買入的日本國債在 2022 年驟升

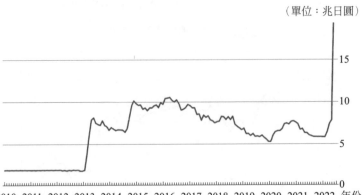

（單位：兆日圓）

2010 2011 2012 2013 2014 2015 2016 2017 2018 2019 2020 2021 2022 年份

資料來源：日本銀行

圖 3-10 日本國債殖利率曲線

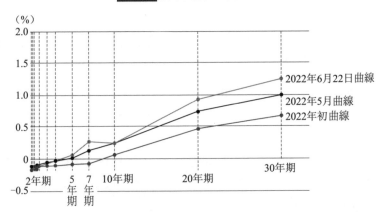

（%）

2022年6月22日曲線

2022年5月曲線

2022年初曲線

2年期　5年期　7年期　10年期　20年期　30年期

資料來源：路孚特（Refinitiv）公司、World Government Bonds

政府印了太多的錢，自己心裡應該也發慌。

而且這次做空其實是典型的成本收益不對稱的操作。如果外資賭輸了，日銀控制住國債殖利率，那麼國債殖利率也不會降低太多，所以外資不會虧太多錢；而外資一旦押對注，利率真的上漲了，那就能收穫巨大的報酬。這就好比花1元去賭100元的潛在收益，賭輸了只損失1元，但賭贏了可能賺到100元呀！其實這就是在計算預期收益是否為正，以及日銀放寬利率限制的機率是否高於1%。

日本大部分本國投資者對日銀極其信任，覺得日銀肯定會說到做到，保住國債殖利率，所以認為做空根本不會賺到錢；但是外資卻還是認為值得一搏，因此寧願「花1元玩一把」。賭的人多了，日銀就出場維持一下秩序，明確表示會堅持之前的利率政策。

國債殖利率被日銀控制住了，但是日本現在的境況依然非常尷尬，不升息日圓匯率很有可能就會持續暴跌，帶來許多不確定性，本國的通膨也有失控的風險。當然，日本政府也可以動用外匯儲備來讓日圓升值，但是這種外匯干預很有可能激怒美國，所以日本不到萬不得已，不會主動干預匯率。

結語

日銀和日本政府在失落的30年和通貨緊縮的鬥爭中，累積了巨量的債務，導致一受到國際資本衝擊，債務問題和利率政策就會面臨嚴峻的挑戰。經歷了半個世紀的大起大落，日本讓全世界央行和政府明白一件事：不是所有的經濟問題都能靠印鈔票和借錢解決。

不過日本的基礎很深厚，社會福利政策也相對完善，雖然經

濟成長乏力，但目前的人均生活水準和幸福指數都位於全球前列，人均壽命也是全球第一。

　　以上三章主要是從總體經濟和政策制定的角度，清楚梳理日本經濟泡沫、失落的30年和2022年左右的經濟動盪，希望能幫助大家更了解日本經濟，了解資本與政策的力量，從中感受市場中無窮無盡的不確定性和博弈的魅力。

第四章

韓國

漢江奇蹟的背後

引言

　　韓國，曾經 GDP 只有北韓的 1/3。2023 年躍升全球第十三大經濟體，擁有三星、現代集團等全球知名企業，娛樂產業更風靡全球。與此同時，韓國又是已開發國家中幸福指數最低、生育率最低、自殺率最高的國家，財閥當道、官商勾結、腐敗橫行，眾多現實問題使得韓國陷入矛盾的困境。

　　韓國為何經濟發展如此高速？幸福指數又為何低迷？到底是什麼原因使這個國家充滿矛盾？本章中，我們將從經濟的角度切入，帶大家了解不一樣的韓國。

▌獨立初期，軍閥統治（1948 ～ 1987年）

窮到想要偷渡去北韓

自1910年起，整個朝鮮半島都在日本的殖民統治之下。直到1945年二戰結束，在蘇聯和美國的協調下，朝鮮半島以北緯38度線（又稱「三八線」）為界，劃分成南北兩部分，北部由蘇聯管理，南部（也就是今天的韓國）則由美軍管理。南北兩部分在1948年各自獨立為「朝鮮民主主義人民共和國」和「大韓民國」，也就是朝鮮（北韓）和韓國（南韓）。

1950年，韓戰爆發，一打就是三年，雙方損失慘重，最終在1953年停戰。北緯38度線及其周圍地區被劃分為南北韓非軍事區（DMZ）並延續至今。

當時的韓國可說是手握一副「爛牌」：先是被殖民剝削了30多年，又經歷戰爭洗禮，幾乎所有工業設施都被夷為平地，人均GDP只有67美元，是當時美國的1/35，堪稱全世界最窮的國家之一。相較之下，北緯38度線另一邊的北韓，由於分走了半島上大部分重工業設施和礦產資源，經濟條件比只剩下農業的韓國要高出不少，甚至有不少韓國人因為太窮想要偷渡到北韓去。

李承晚時期：單一經濟模式

獨立後的前十幾年，當時的韓國被稱為「第一共和國」，一直由第一任總統李承晚獨裁統治著。

李承晚政府沒有大力改善韓國的基礎建設，韓國的經濟依然以農業為支柱。

在當時的東亞，只有日本對外貿易相對發達，但韓國才剛擺脫日本的殖民統治，並不願意和日本人做生意。

那麼，李承晚時代的韓國經濟支柱究竟是什麼呢？答案是：美國的資金援助。韓國幾乎所有外匯存底和政府近80%的收入都來自美國的援助。這種嚴重依賴海外資金的畸形經濟結構，逐漸滋生出裙帶資本主義。簡單來說就是官商勾結，一切靠錢說話。

儘管獨裁政府權力很大，但韓國的經濟發展非常差，導致稅收困難。政府缺少有效的財政收入來源，只能想盡辦法從不同管道增加財政收入，有些做法現在看來並不體面，比如向有錢企業兜售出口許可證等金權交易。這不僅扭曲了當時韓國已經極度缺乏的市場供給和需求，還培養出一大批與政府關係深厚的企業，其中包括大家熟悉的三星、LG等韓國最早期的財閥。

總而言之，李承晚時期的韓國經濟並沒有改善，即使獲得美國的大量資金支援，人均實質GDP增長率還是只有可憐的2%。

軍閥時期：經濟瘋狂起飛

1961年，韓國少將朴正熙發動政變。18年後，也就是1979年，朴正熙被刺殺。緊接著崔圭夏接任總統，同年陸軍少將全斗煥發動政變，於1980年出任總統，讓軍閥時期又延續了8年。

一般來說，大家印象中軍閥執政會抑制經濟，但這段近30年的時間卻是韓國經濟發展最迅猛的時期，實質GDP年成長率達到9.6%。韓國從依賴美國救濟過活，搖身一變成為「亞洲四小龍」，大家熟知的「漢江奇蹟」也是發生在這個階段（圖4-1）。

那麼，韓國在這段時間到底做對了哪些事呢？

朴正熙的「五年計畫」

首先，不論是朴正熙還是全斗煥，他們在任內都有暴力鎮壓、獨裁專權、排除異己等問題存在。但本書對以上問題不深入

圖 4-1 對數坐標下的韓國 GDP（漢江奇蹟時期）

（單位：億美元）

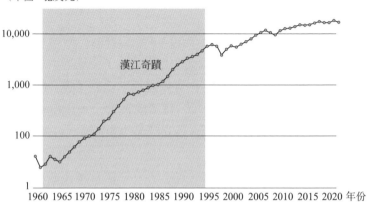

資料來源：世界銀行

討論，我們主要從經濟的角度切入，觀察他們是如何帶領韓國經濟崛起。

朴正熙原本是少將，是軍人出身，並非經濟專家，但是他思維清晰，眼光長遠，從掌權開始就意識到，必須從根本上解決韓國的經濟問題。他知道韓國在當時風雨飄搖的世界局勢下，僅靠著像「乞丐」一樣依賴美國生存，絕對不是長久之計。而想要穩定的政局、和北韓抗衡，就勢必要達成經濟上的穩定、發展、獨立。

因此，朴正熙非常重視經濟發展，立志要讓韓國擺脫貧困。為此，他還特意建立了經濟企劃院（Economic Planning Board），負責統籌整體經濟規畫，並規定經濟企劃院部長的級別必須高於所有內閣成員。我們可以從這裡看出他對經濟發展的重視程度。

1962年1月，朴正熙正式提出「第一個五年計畫」（以下簡稱「一五計畫」），奠定了韓國整體的發展方向：以出口、工業化為主導的經濟模式。

朴正熙選擇發展方向的精準程度，就彷彿他穿越到30年後的韓國，制定出既符合韓國地緣條件，又迎合了全球經濟和產業發展的政策。雖然「一五計畫」在實施過程中遇到了許多問題，但韓國經濟依然以平均每年8.3%的經濟成長率、平均每年29%的出口增長率，大獲成功。而接下來的「二五計畫」，GDP年增率更是達到了驚人的11.5%。

隨著生產技術的慢慢累積，韓國在朴正熙掌權後期至全斗煥時期，成功地轉型成為重工業強國，在鋼鐵、造船、基礎建設等領域都是世界前幾名的出口國，還發展出技術要求更高的產業，例如消費性電子產品和半導體。

此時，韓國經濟完全按照朴正熙「一五計畫」的出口、工業化這兩大方向，一路深化、一路開掛。

不過在現實世界中，擁有正確的方向只是第一步，朴正熙不可能像玩遊戲一樣開外掛作弊，他到底是如何快速、準確、貫徹地執行「一五計畫」呢？在我看來，他主要是靠著「兩個支柱，一個推力」。

◆ 支柱1：財閥的形成

第一個支柱正是大家非常熟悉的「財閥」，這個支柱也很符合朴正熙的軍人背景。朴正熙認為現代經濟學理論提倡的中小企業自由競爭、優勝劣汰法則，並不適合當時極度貧困的韓國。如果想讓各個產業在短時間內都有領頭羊崛起，就要集中力量做大事！於是，朴正熙政府乾脆直接制定具體的目標，然後分配給單

一公司執行。

舉例來說，如果韓國想發展化肥產業，政府就會找一家目前實力最強、最聽話的大企業（比如三星），提供最大力的政策支持、最優惠的貸款，讓三星迅速建造出化肥廠，使得韓國在最短時間內達到化肥的自給自足。這一政策在當時的韓國非常有效，不只是因為三星的能力確實很強，也因為政府給予了大力支持和優惠政策，三星才能在短時間內建造出韓國最大的化肥廠。

朴正熙政府這種「精準控制、指哪兒打哪兒」的發展模式非常高效，責任也很明確，政府想發展哪個產業，就找該產業大公司的負責人來合作。久而久之在政府的「滋養」下，越來越多大公司一步步變成了「財閥」。

殊不知，朴正熙在建立自己經濟哲學的第一大支柱的同時，也打開了財閥體制的潘朵拉魔盒。財閥的弊端我們留到後文再討論。總之在1960～1970年代，韓國就是靠著財閥崛起，才能用最快的速度、也是對朴正熙而言最有效率的方式，迅速發展工業和出口。

在這樣特殊時期發展出的韓國財閥，有哪些特點呢？首先，能稱作財閥的公司，可不只是規模龐大。各個國家都有巨頭企業，但是說到財閥，大家馬上就會想到韓國，主要是因為它有兩大特點：一是家族管理，二是和政府關係密切。也就是說，韓國這些財閥是由少數家族控制、與政府緊密聯結的超級大公司。

讀到這裡，大家是不是覺得韓國的財閥與日本的財團有些相似？但財閥和財團最核心的區別在於，日本每個財團都是以一家巨型銀行為核心，延伸出各種業務，但韓國的財閥並沒有經營銀行，朴正熙政府一直牢牢掌控著銀行業務，透過銀行控制借貸。這正是朴正熙控制財閥的主要手段（圖4-2）。

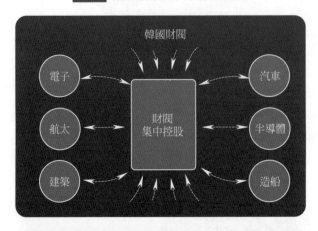

圖 4-2 韓國財閥和日本財團的差異

韓國財閥

電子　　汽車

航太　財閥集中控股　半導體

建築　　造船

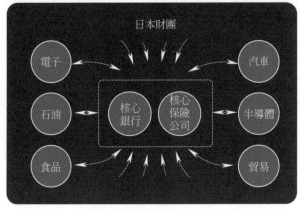

日本財團

電子　　汽車

石油　核心銀行　核心保險公司　半導體

食品　　貿易

　　朴正熙剛掌權時，嚴懲了李承晚時代的財閥，他開出巨額罰款來制裁舊有財閥，甚至抓捕了51位商界大老，包括當時的韓國首富、三星集團會長李秉喆。但朴正熙和李秉喆見了幾次面後，就對財閥的態度180度大轉彎，開始尋求和財閥合作，甚至比李

承晚時期更重用他們。

韓國經濟的各大命脈產業逐漸被一個個財閥控制，而政府則透過銀行體系死死控制著財閥們，能借錢給誰、不借給誰、利率是多少，全部由政府說了算。這使得各家財閥不得不依賴政府，也增生了各種檯面上、檯面下的金權交易。

財閥需要透過政府獲得資金和政策支持，而朴正熙需要財閥的資源和影響力幫自己把控政局，打壓政敵。簡單來說就是四個字──官商勾結。

不過我必須強調，在軍閥統治時期，韓國的財閥勢力還沒有大到形成壟斷並造成全國性腐敗。第一個原因是，朴正熙非常清楚壟斷對經濟的破壞力，所以他雖然大力扶持個別企業，但依然鼓勵競爭，盡量不讓一家企業壟斷單一產業。因此，朴正熙政府會同時提供資源給同一產業內不同的大公司，保持競爭、彼此激勵和制衡。其次，當時財閥和政府間的金權交易，只發生在最上層、國家戰略級別的交易，而不是財閥的家族成員只要花錢就能在各個領域暢通無阻。

在這段時期，不論是朴正熙還是全斗煥，都非常明確韓國的核心目標就是經濟發展，財閥得到政策支持後必須拿出成績，積極從事技術研發、升級產業，不然政府就會扶持別的財閥。當時韓國的財閥其實是不停輪換的，大家輪流「坐莊」，比如1965年韓國的前100大公司，在10年後只剩下22家依然在榜上。然而，還是有一些實力與財力卓越，又具備明確策略的企業在近30年時間裡，一直屹立不倒、規模越做越大。

比如當時有位企業家鄭周永，創辦了一家基礎建設公司，工作能力非常強。他連續幫美軍和韓國政府完成多項基礎建設專案，包括興建大樓、橋梁。朴正熙發現這家公司的效率之高，不

但總能提前完成任務，而且品質也很優秀。朴正熙認為鄭周永是個人才，於是大力扶植他的公司，使他一躍成為韓國建築業的霸主，這家公司就是現代集團（Hyundai Group）。1967年，朴正熙想仿效日本大力發展汽車產業。於是，這個領頭的重責大任又落到了鄭周永和現代集團身上，「現代汽車株式會社」成立。而後，現代集團也因為優異的表現不斷獲得政府的大力扶持，逐漸成長為韓國首屈一指的財閥。

歷史上的眾多財閥不斷更替，只有四家不停地成長，成為當今韓國的四大財閥：三星、現代、LG、SK集團。

♦ 支柱2：對教育的重視

韓國的經濟發展背後，還有一個隱形的支柱——教育。

位於亞洲的韓國、日本、中國，都曾創造經濟奇蹟。而教育是經濟發展背後非常重要的推動力，甚至可能是最重要的推動力之一。

當時，這些國家的經濟水平、人均收入相對其他國家很低，人口素質、受教育程度卻非常高。這表示這些國家可以用相對低廉的價格，招募到高品質的勞動力，因此相繼成為「世界工廠」。

高教育水平與國家的文化有關。相對於世界上其他國家或地區，東亞文化格外注重教育，一個人如果是大學教授、擁有博士學歷，就能獲得很高的社會地位和鄰里尊敬，而不看出身和收入。在東亞文化中，人們對知識與文化的崇拜似乎深入了心靈和骨髓。

韓國也是如此，他們剛從戰爭的動盪中恢復，就開始大力提高國民的教育水準。

朴正熙政府明白教育的重要性，他知道若想讓韓國商品在全

球市場中保有競爭力，就需要出色的技術和工人，所以制定了「教育立國」的國家發展戰略，大力推動學校建造、落實職業技術教育等措施。當時，韓國政府平均每年都將1/5的財政預算投入教育。韓國對教育的重視一直持續至今，2011年韓國23 ～ 34歲的人口中，擁有大學文憑的比率高達64%，而大部分已開發國家甚至不超過40%。

再加上韓國勞工吃苦耐勞的精神，韓國的出口產業怎麼可能不崛起？當時韓國勞工可以用美國工人1/10的成本創造出2.5倍的產能，工作效率極高。

進到「三五計畫」，韓國準備進軍重工業。當時許多海外投資人並不看好，認為韓國產業各方面基礎仍不足，擴張步伐太大，但韓國最終卻取得非常優秀的成果。1972 ～ 1982年間，韓國鋼鐵產量上漲15倍，成為全球最主要的鋼鐵製造國之一，連複雜的造船重工業也快速崛起。這在很大程度上都依賴於十幾年前就開始的全民教育發展。

但凡事都有一體兩面，韓國政府對教育的普及與重視，一方面成就了韓國經濟起飛，另一方面卻演變為韓國人民幸福生活的絆腳石，這一點後文會深入闡述。

◆ 一個推動力：引入外資

韓國經濟崛起的另一個推動力——外資，也是不容忽視的力量。

獨立初期，韓國一直嚴重依賴美國的資助。但美國也不是冤大頭，不會持續送錢給韓國，在李承晚執政後期，美國就已經開始降低資助。

朴正熙對當時這種靠美國人救濟過活的現狀非常不滿，他推

行的「五年計畫」就是為了讓韓國的經濟獨立。計畫初期,他甚至限制包括美國、日本在內的外國資本進入韓國。

那為什麼「漢江奇蹟」的一大推動力是外資呢?這與曠日持久的越南戰爭有密切關係。

在1955～1975年長達20年的越戰中,韓國總共貢獻了超過30萬兵力支援美國,這幾乎可說是「舉全國之力」在幫助美國。所以作為回報,美國提供朴正熙政府大量的資金、技術、訂單。

當時美國將越南、中東地區眾多基礎建設專案都外包給現代集團,這也是現代集團崛起的因素之一。

而韓國承包中東地區基礎建設專案時,正巧碰上1980年代的兩次石油危機(石油危機的發展始末,我們會在第九章說明)。要知道,石油危機對歐美來說是危機,但對中東國家來說卻是大賺一筆的時機。中東國家賺到錢就開始大力投資基礎建設,韓國作為承包方,自然也分得了「一杯羹」。

靠著這杯羹,韓國對沖了自己作為出口導向型國家在石油危機中的損失,其GDP在1980年代依然延續了每年10%左右的增長。圖4-3是石油危機期間韓國的GDP成長對數圖。

韓國建築業究竟有多輝煌?世界數一數二的建築包括:杜拜著名的哈里發塔、吉隆坡的雙子星塔、臺北101大樓,都是由韓國三星集團承包建造的,韓國企業的強大競爭力可見一斑。

除了美國,日本也是韓國的重要投資者。兩國雖然因為歷史因素曾經非常敵對,但韓國政府後來還是將經濟發展作為首要目標,視日本的投資為重要資金來源,很快就對日本開放。當時正值日本經濟迅速崛起期,日本是世界的「主要工廠」,而韓國不僅是世界的「小工廠」,同時也是日本的「重要工廠」。

1961～1979年,韓國充分吸取了來自美國和日本的投資、

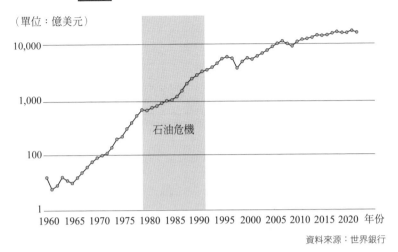

圖 4-3 對數坐標下韓國的 GDP（石油危機時期）

（單位：億美元）

石油危機

10,000

1,000

100

1

1960 1965 1970 1975 1980 1985 1990 1995 2000 2005 2010 2015 2020 年份

資料來源：世界銀行

技術和生產模式，成為推動韓國經濟蓬勃發展的動力。

漢江奇蹟

　　就這樣，韓國依靠著「兩個支柱，一個推力」創造了「漢江奇蹟」，而朴正熙也被稱為「漢江奇蹟締造者」。

　　韓國在1961 ～ 1987年間，27年的軍閥統治時期，雖然經歷了兩次石油危機，但依然保持著平均每年10%的GDP成長率。如果以「韓國人均GDP／世界人均GDP」這一數值來觀察韓國相對於全世界的經濟發展速度，大家會發現短短35年間，韓國從不到全球人均GDP的1/4，漲到了全球人均GDP的兩倍多，這一發展速度確實堪稱「奇蹟」（圖4-4）！

圖 4-4 1960 ～ 2021 年韓國人均 GDP 與世界人均 GDP 的比值

資料來源：世界銀行

民主時期的韓國經濟（1987 年至今）

腐敗滲透，財閥「大到不能倒」

1987年，迫於多方壓力，韓國國會通過新憲法，恢復了民選總統制度，從此標誌著韓國進入了民主時期。

同時，韓國也迎來了第六個「五年計畫」。在這五年間，韓國順應全球經濟的發展潮流，推行市場化、金融自由化、鼓勵競爭等，再次迎來了超高速的經濟成長，平均實際GDP成長率達到10%，GDP總值也攀升到全球第15名。

但此時，財閥體系的弊端開始顯現。

在軍閥統治時期，政府對財閥有絕對的掌控力，透過控制銀行來壓制住財閥，這些財閥必須聽政府的命令才能生存，當時的

金權交易也只集中在上層核心當權者之間。

這樣的歷史背景讓韓國忌憚各種獨裁、殖民統治，所以一進入民主時期，憲法就特別規定總統任期只有5年，不得連任。也就是說，每個總統不管做得好、做不好，都只能在任5年，而5年對於政府施政來說時間太短，很多政策或戰略還未完全推行，就要換屆了。

限制總統任期雖然可以有效避免獨裁，讓權力不再長期集中在個人手裡，但總統人選不斷更迭，再加上原本用來制衡財閥的最重要的金融系統也放寬管制，政府不再完全控制銀行體系，也就無法直接控制財閥。而定期舉行的總統選舉，更提供了財閥徇私舞弊的舞臺。

不妨想一想，總統如果是憑個人本事選上的，政府或許還可以對抗財閥；但總統若是完全靠財閥一步步提拔上去的，吃人嘴軟、拿人手短，他如何能夠制衡自己的金主？

於是，官商勾結開始向下蔓延，從中央選舉到地方提名，再到選舉之外的事務，腐敗、賄賂的影子逐漸浮現。在軍閥統治時期，財閥的勢力雖然也很大，但是腐敗問題並不嚴重。但一進入民主時代，財閥的觸角就伸進了政府內部各個角落，甚至是司法部門。

韓國幾乎每一位總統（或其家人）都曾被指控收賄，這一現象也被戲稱為「青瓦台魔咒」。

自此，財閥對韓國的掌控力越來越強。在1985年之前，財閥還非常頻繁地輪替，很難長盛不衰；但是到1985年之後，韓國的四大財閥可說是屹立不倒，直到今日。

而經濟上，財閥的勢力也成長至「大到不能倒」的地步。1990年，僅三星、LG、SK、現代、樂天這五大財閥創造出來的

產值，就占韓國GDP的2/3。所以韓國政府只能望著財閥興歎，就算真要整頓也不敢下手太重，畢竟整個韓國的經濟都指望著他們。

財閥因此光明正大地繼續瘋狂擴張。利用金融開放、市場自由化等政策，盡其所能地提高借貸額、提高槓桿率，擴展出大量子公司，橫跨各個行業。

特殊的「全租房」模式

除了腐敗，市場自由化還為韓國帶來了另一個問題——暴露出銀行系統的脆弱。

軍閥時期，政府牢牢地將韓國的銀行握在手中，透過銀行來把持經濟、控制財閥，這在當時是非常聰明的做法。但長遠來看，卻催生出嚴重的問題：由於銀行系統長期以來都有政府無條件的支持和庇護，所以對市場化完全沒有做好準備，信用良好的人借不到錢，信用差的人卻借到很多，銀行的槓桿率也非常高。

這種不健康的銀行系統讓許多人無法透過正常管道獲得貸款，從而演變出了韓國一種極特殊的金融借貸模式：全租房。

韓國的租屋分為兩種形式：月租房和全租房。月租房就是我們熟悉的按月付房租。而全租房則是韓國獨創的租屋方式，租客會在租期開始前支付一次性的高昂押金，一般是房子總價的50～80%；之後，租客就可以在合約期限內「免費」住在房子裡，租約到期後，房東會全數返還押金。

大家看到這種租屋模式，是不是一臉問號呢？首先，如果租客有能力一次拿出房價的50～80%，為什麼不自己買一套房，卻選擇租房？其次，對房東來說，全數返還押金，那不就意味著房東收不到房租？這樣做對房東有什麼好處？

第一個問題其實恰恰反映了很多韓國年輕人的生活觀念，他們更願意把錢花在提高生活品質上，比如吃好穿好、出國旅行……而不願意被房貸套牢大半輩子，因此更願意考慮租屋而非購屋。比起普通的月租模式，全租房最大的優點就是省下了租金，頗受租客歡迎。

　　而第二個問題，則是全租房模式在韓國興起的關鍵，我們先把時間倒回全租房風氣最火熱的2020年。受新冠疫情影響，韓國GDP出現了自1997年亞洲金融危機以來的首次負成長，但房地產市場卻逆勢上漲，房市成為現金流的不二去處，催生出炒房的需求，全國住宅交易價格上漲了5.36%。同時間，韓國整體經濟下滑，大家收入減少，購屋意願降低，租房需求上升。

　　而在房價上漲的大環境下，全租房的模式恰恰迎合了雙方的需求。對房東而言，以全租房的方式拿到大部分房款，就可以用這部分房款（或者再向銀行借一部分貸款）拿去炒房，再以全租房的方式回收部分資金，再去炒房。租約到期之後，房東只要轉手賣掉房子就可以賺到更多錢，將一部分還給租客，剩下的就是炒房的收益。只要房價不斷上漲，對房東而言就穩賺不賠。

　　有趣的是，許多租客是向銀行貸款房租，這看來有點匪夷所思——銀行不貸款給有房（有抵押物）的人，反而貸款給沒有抵押物的租客。

　　就這樣，房東、租客、銀行形成了三贏局面：租客可以「不花錢」租房；房東透過炒房賺錢；銀行藉由貸款給租客和房東，倍數擴大業務量。因此，韓國房價在全租房模式的助推下，不斷飛漲。

　　然而，如果我們仔細檢視全租房模式就會發現，這套體系要能穩定運作，有兩個重要前提：一是低利息的大環境，降低租客

和房東的還款壓力，他們才會願意貸款，從而推動市場泡沫的增長；二是房價不斷攀升，房東才能從炒房中獲得收益。對房東來說，房子一租出去，相當於資金回籠大半，因此我們可以將全租房看作一種變相的抵押貸款，但這種方式很容易導致過高的借貸槓桿。

韓國的家庭債務占GDP的比率一直上升到超過100%。

就連美國這麼愛操作槓桿的國家，在次貸危機最嚴重時，這個比率都不到100%，可見韓國的借貸槓桿有多誇張（圖4-5）。

那麼，槓桿的天敵是什麼呢？就是升息、資金流動性的緊縮。韓國在2021年為了對抗通膨，進入升息週期，利率從2021年7月的0.5%一直升到2023年1月的3.5%（圖4-6），市場資金流動性瞬間收緊，房市繁榮的假象也隨之坍塌，韓國房市陷入流動性困境。首先受到波及的就是操作高度槓桿化投資的房東，房價下跌，沒有人願意購買，房子便開始降價出售。從2022年起，韓國的房價開始連續大幅下跌。某些房東還不出押金，不得不捲款

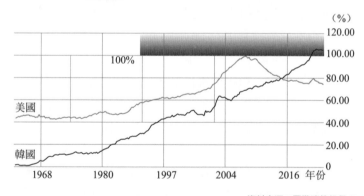

圖 4-5 韓國和美國的家庭債務／GDP

資料來源：國際清算銀行（BIS）

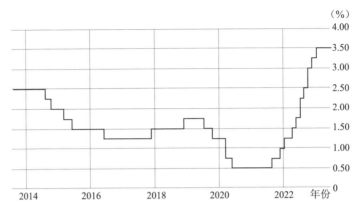

圖 4-6 韓國基準利率自 2021 年開始不斷上升

資料來源：韓國央行

潛逃，銀行只能拍賣房子來平衡損失。租客則更可憐，他們不僅流離失所，還要支付高額的貸款利息，導致許多年輕人陷入絕望，引發更多社會悲劇。

亞洲金融危機

效率不彰的韓國銀行業，除了間接導致全租房模式興起，還引發另一個更嚴重的後果——亞洲金融危機時的破產災難。

1997 年，金融危機席捲全亞洲，東南亞各國相繼崩潰。但韓國的經濟實力是有目共睹的，所以市場普遍認為不會受到太大衝擊。但令人意料的是，韓國竟然跟東南亞小國一樣，迅速崩潰。這個問題背後，又是銀行業過度放貸、槓桿過高所導致的。

韓國財閥旗下有許多子公司並沒有盈利能力，仰賴著利息低廉的銀行借貸支撐，而銀行又仗著有政府撐腰，所以放貸的時候也肆無忌憚。這就導致金融危機來襲時，銀行和財閥一受衝擊，

就陷入嚴重的資金斷鏈危險中，還連帶把整體韓國經濟拖下水。韓國政府不得不緊急向國際貨幣基金組織（IMF）借款580億美元，是當時IMF歷史上最大的一筆救助款。先前一路高歌猛進的韓國GDP也在1998年下降了5.1%。

經歷這場金融危機之後，韓國開始大規模改革銀行業。但銀行業牽一髮而動全身，改革只能一小步一小步慢慢來。所以直到現在，韓國的銀行業相對於該國繁榮的實體經濟來說，一直是個軟肋。

財閥在亞洲金融危機中也受到了很大衝擊。55家財閥相繼倒閉，其中還包括當時韓國第二大財閥——大宇（Daewoo），是韓國有史以來最大規模的破產事件。剛成立不久的三星汽車也在這場危機中徹底垮臺，成為三星集團最不願回首的失敗案例。

當時，有大量的財閥被迫剝離子公司。外資和某些資金狀況不錯的韓國財閥，則藉此機會低價收購，比如現代集團就趁機收購了起亞汽車（Kia），成了壟斷韓國汽車產業的集團。

幸好，韓國實體經濟基礎穩健，現金流穩定之後，國家很快就從金融危機中恢復。財閥的規模比1997年前縮小了，但實力並沒有因此削弱，尤其是前四大財閥的地位反倒更加穩固。如今，韓國最大的50家上市公司中，有47家都是財閥。

▍韓國飛速發展的後遺症

1997年金融危機之後，韓國的經濟發展一直相當快速。雖然沒有出現像「漢江奇蹟」那樣超過10%的GDP成長率，但已經成功地開拓創新科技產業和服務業的版圖。三星、現代、LG這些

品牌不只在韓國國內受歡迎，在全球的競爭力也越來越強。IMF甚至預測2024年韓國人均GDP將上漲到近3萬5千美元，幾乎與日本齊平。

　　從數字上來看，韓國的經濟奇蹟似乎還在繼續。但在光鮮亮麗的數字背後，韓國卻有著所有已開發國家中最高的自殺率、最低的幸福指數和最長的工作時數，而這些都是飛速發展帶來的後遺症。

階層僵化

　　首先是大財閥對經濟和政治的控制，導致韓國陷入了階層僵化。

　　從長期來看，財閥會扭曲並抑制市場競爭，短期內雖然帶來了GDP的快速增長，但對普通韓國人來說，他們的選擇空間變得越來越小。大家的人生目標變得驚人地單一：努力考上好的中學、大學→努力進入四大財閥工作→努力晉升公司管理層。

　　這也讓韓國人逐漸對教育產生不理智的追求，有人用「教育熱」（Education Fever）來形容這種情況。

　　絕大部分韓國人的學生生涯都充斥著各種補習班和考試，有95%的學生會參加一種稱「hagwon」的私人補習班。平均每個韓國家庭都有1/5的開銷花在補習班上。許多韓國高中生早上五、六點就要起床上學，晚上自習到十一、十二點，回家之後還要再去「hagwon」補習到凌晨兩、三點！

　　大部分學生的終極目標就是考進韓國前三所大學：首爾大學（Seoul National University）、高麗大學（Korea University）、延世大學（Yonsei University），簡稱SKY。

　　韓國有句俗語，意思大概是：「如果一天睡3個小時，你就

能上SKY；如果睡4個小時，就只能上普通大學；如果睡5個多小時，那就別想讀大學了！」可以想見韓國學生的壓力之大。

　　政府為了整頓補習班，還特別頒布法律限制晚上十點以後不得上課，然而這條法律治標不治本。不能上補習班，大家便轉向更昂貴的私人家教課，因為社會階級現狀和大家的觀念並沒有改變。

　　這種過分追求考上大學的情況，還導致韓國大學生的失業率甚至比沒有大學學歷的人更高。

　　那麼，考上SKY之後，韓國學生就能自由選擇工作了嗎？答案是不能。想要進入四大財閥工作，還要再過一次獨木橋。三星每年都會針對應屆畢業生舉辦一次考試，參加人數多達10萬人，只錄取不到10%的應試者。

　　進了大財閥工作後，韓國人依然不自由。因為幾乎所有人都拚盡全力想往上爬到更高的職位。韓國人每年平均只請6天假，而韓國的平均工時又是所有已開發國家中最長的。許多公司還有應酬、喝酒的文化，基本上也都是半強迫性的工作。

　　這種過於僵化的求學和職業階梯，導致韓國人一生中每個階段都處於激烈的競爭環境中，生活和工作的標準都被社會設定好了，個人要做的就是努力達成目標。GDP雖然成長了，但大家都被壓得喘不過氣。

　　這種「透過高度努力和犧牲，才能換取到競爭優勢」的風氣，所帶來的負面情緒、負面壓力，並沒有反映在韓國的GDP、失業率、通膨率等經濟數據中，但是對當代韓國人，尤其是韓國年輕人的影響，是非常巨大的。

生育率低迷

在如此高壓的環境下，韓國的生育率不斷下降也就不足為奇了。

已開發國家的生育率往往偏低，而韓國的生育率又排名最末。根據世界銀行2021年的統計，韓國生育率只有0.84，這表示每位韓國女性一生平均只生0.84個孩子，是全世界最低（圖4-7）（編注：根據台灣內政部統計，2021年台灣生育率為0.975）。如果一個國家想要維持人口總量，生育率至少要達到2，而一般認為1.5以下就是過低了，韓國卻只有0.84。

在第二章中，圖2-22是2020年韓國的人口結構圖，呈大肚子型態，新生人口急速下降。

如果仔細看，大家會發現圖中62歲左右有明顯的生育高峰，倒推回去，這段時間正對應著1960年代「漢江奇蹟」時期。

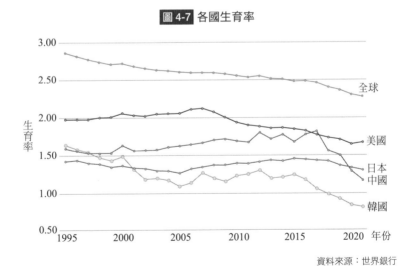

圖 4-7 各國生育率

資料來源：世界銀行

目前來看，韓國的人口結構對經濟發展是非常有利的。因為處於工作年齡的人口占據了最高比例，而需要被照顧和贍養的老人和小孩都非常少。但是，二、三十年後，大量青壯年步入老年，新生人口卻長期低迷，韓國的情況非常不樂觀。因此韓國政府這兩年為了提高生育率，頒布了各種政策，比如夫妻共同休育兒假、設置「父母津貼」、「嬰兒補貼」等等。但這些舉措目前來看，收效甚微。

結語

回顧韓國經濟所經歷的一切，似乎從一開始就有跡可尋。軍閥時期的奇蹟發展，卻埋下了財閥當道的種子；對教育的高度重視，原本是國家發展的重要推動力，後來卻成了年輕人的沉重負擔。這或許正應驗了那句老話：「禍兮福所倚，福兮禍所伏。」

第五章

印度

「神奇」的印度經濟

引言

印度絕對是配得上用「神奇」二字來形容的國度。

除了神祕的宗教文化，印度的經濟發展也有許多奇觀：一方面，印度以平均 6.25% 的 GDP 成長率在 21 世紀迅速崛起，先後超越韓國、加拿大、義大利、法國、英國，成為世界第五大經濟體（僅次於美、中、德、日），國內兩大富豪輪番坐上亞洲首富的位子；另一方面，卻有超過 10% 的人口生活在極端貧窮線下。此外，印度已經超越中國，成為世界人口第一大國，而且目前還未碰上高齡化的問題。然而，這麼龐大的人口正面臨著就業機會的不足、人力成本比機器還低、130 多年前誕生的千人洗衣場仍在運作等令人匪夷所思的問題。

印度到底為什麼會陷入這種局面？印度經濟現在究竟是「即將崛起」還是「一片混亂」？

本章我們將從歷史、文化、教育、人口等多個角度切入，帶大家一起近看「神奇」的印度經濟。

█ 印度經濟的復甦起飛之路

殖民時期，發展停滯（1947年前）

早在18世紀前，印度和中國原本曾經是世界上兩個最大的經濟體，各占全球經濟總量的1/3。究竟後來發生了什麼事，使得印度經濟一蹶不振？

一部分原因是工業革命讓西方國家的生產力飛速增長，但對印度來說，更致命的原因是英國人的闖入。

很多人都聽過兩大「東印度公司」：荷蘭東印度公司和英國東印度公司。前者主要在東亞和東南亞地區活動，對印度影響不大；而後者則對印度影響深遠——直接讓國家間的貿易逐漸轉變成英國對印度的殖民統治。

在殖民過程中，西方的管理觀念、自由貿易制度和法治思想逐漸傳入印度，但這遠不足以抵消印度付出的慘烈代價——英國從印度攫取了大量自然資源，同時限制印度的產業發展。在歐洲如火如荼地發展工業革命的背後，印度成為各種原料、香料、紡織品的出口地；這導致印度只在農業和紡織業上有所發展，而科技和工業方面卻毫無進步。

圖5-1是英國殖民印度期間，兩國人均GDP的變化，英國迅速上漲，而印度則多年沒有顯著增長。

二戰結束之後，英國人結束統治，印度終於獨立，此時印度GDP在全世界的占比降到了2%。

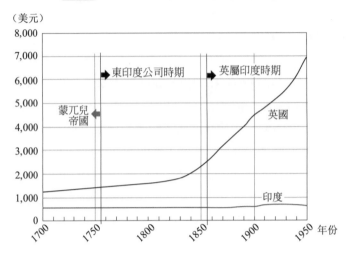

圖 5-1 英國殖民印度期間，兩國的人均 GDP

（美元）

東印度公司時期　　英屬印度時期

蒙兀兒
帝國

英國

印度

年份

資料來源：Tables of Prof. Angus Maddison（2010）

獨立初期，經濟恢復緩慢（1947 ～ 1991年）

殖民時期雖然結束了，但英國對印度的影響非常深遠。

獨立後的印度對所有與英國相關的事物都十分抗拒，因為在被殖民的200多年間，印度深刻體驗了英國式的（不平等）「自由貿易」！於是，印度開始自我保護，政府決定掌控國內主要的工業、銀行，嚴格管理外匯和外貿，全面採納了蘇聯的計畫經濟模式，幾乎不容許任何外國投資進入。

具有印度特色的「許可證制度」（License Raj）也在這個階段誕生了。在印度，大多數企業都必須向政府申請許可證才能經營，申請過程中可能需要應對多達幾十個部門的備案和審批，還需要花費心力打通各種關係。一旦拿到許可證，就等同於獲得了保

障，之後的經營就可以「天不怕、地不怕」了。在某種程度上，許可證制度讓政府能更方便地管理企業，但這種「嚴進寬出」的模式也產生許多弊端，後文我們會再詳細討論。

總之，印度在獨立初期的經濟發展十分緩慢。1990年代，印度的人均GDP只有300多美元，不到全球平均水準的1/10，而此時「亞洲四小龍」（韓國、台灣、新加坡及香港）早已快速崛起。

改革之後，經濟騰飛（1991年之後）

1991年，印度經濟迎來了重大轉捩點！

正當印度奮力在泥濘中前行時，現實又來了當頭一棒。首先，1991年蘇聯解體對印度經濟造成了很大的打擊，因為這使得印度失去了對外貿易的最大客戶之一；第二，波斯灣戰爭爆發導致油價暴漲，這也使得依賴進口能源的印度雪上加霜。一方面失去了主要的出口客戶，東西賣不出去、收入減少；另一方面是能源進口成本突然急遽上升，兩相夾擊之下，印度政府陷入財政危機，甚至面臨國債違約風險。最後，他們不得不向國際貨幣基金組織申請18億美元緊急貸款，才度過了眼前的危機。

國際貨幣基金組織在借錢給印度時，提出了許多附加條件，其中包括要求印度按照「華盛頓共識」（Washington Consensus，1989年美國針對拉丁美洲國家債務危機，所提出的經濟改革解方），來推動經濟自由化。

在這樣的背景下，印度半推半就地進行了全面的經濟改革，包括降低關稅和利率、貿易自由化、放開外國投資等等。雖然這次改革整體上執行得不太徹底，但印度總算踏上了市場經濟的道路，經濟也開始快速增長。

1995～2018年，印度平均每年的出口成長率超過13%，排

名全球第三，僅次於中國和越南；GDP則以5.5%的年均成長率穩步上升至世界第五大經濟體，離排名前面的德國和日本也不遠了。摩根士丹利（Morgan Stanley）甚至預測，印度會在2027年超過日本和德國，成為世界第三大經濟體（一般而言，我們看到的GDP數據都是各國自己統計的，而國際上有許多人都在質疑印度經濟數據的可信度）。

▌全球「外包之王」

在印度崛起的過程中，有一項產業扮演了極為重要的角色，並且非常具有印度特色，那就是——外包（outsourcing）服務。

印度可以說是全球「外包服務之王」，包辦了全球超過一半的外包業務。幾乎所有美國大型科技公司，比如谷歌、亞馬遜、Adobe、英特爾、蘋果、IBM，都會把部分業務外包到印度。華爾街很多投資銀行也會把一部分的IT（資訊科技）部門設在印度。

為什麼大企業都喜歡將業務外包給印度呢？主要有以下幾個原因。

優勢1：低廉的勞動力成本

最直接的原因是印度的人力成本非常低。

開發中國家的平均薪資遠低於已開發國家，即使計入其他各種營運成本、溝通成本、時間成本等，在印度雇用一個人的總成本仍不到美國的一半。這種低廉的勞動力成本使得印度非常受到已開發國家的青睞。

除此之外，印度許多低成本勞動力還會講英語。因此，當

OpenAI需要人類回饋來評價和訓練ChatGPT的模型回答時，他們就在印度找了很多人來負責這份工作，每小時報酬只有不到兩美元。

優勢2：IT教育的肥沃土壤

但是，許多國家的物價和人力成本都很低，為什麼不把業務外包給寮國、越南呢？這就涉及印度的第二項優勢——龐大的資訊技術人才。

印度人非常看重理工教育，許多家長認為最理想的目標就是將孩子培養成理工人才，更準確地說，是成為工程師。同時，印度大學也非常重視理工教育，擁有優秀的師資與基礎設施。可以說，印度整個國家從上到下都很注重培養理工人才。

全球許多頂尖科技公司的執行長（CEO）都是印度人，比如谷歌、微軟、IBM、Adobe等。而且，這些執行長大部分都是在印度完成高等教育之後才前往美國，而不是因為在美國留學才如此優秀。

不僅如此，目前矽谷大約1/4的科技新創公司都是印度人創立的，可見印度的理工教育多麼強大。

優勢3：英語流利

而印度最後一項優勢，跟英國的殖民歷史密切相關——許多印度人會說流暢的英語！

由於人口基數大，即使印度只有10～20%受過良好教育的人會說英語，這部分人口也高達1.5～3億人，單單這個數量就已經能在全球人口排行榜上位居前五名。

因此，印度成為全世界的客服中心和IT支援中心，許多全球

購物網站和航空公司的客服人員都有著濃郁的印度口音。

據統計，2019年，印度外包服務的總收入高達700億美元（有些統計甚至超過1,000億美元），這對印度來說是相當龐大的一筆收入。

世界第一人口大國

分析完外包服務之後，讓我們來更深入了解印度的人口結構。根據聯合國公布的最新世界人口統計資料，2023年5月29日印度人口已達到14.28億，正式超越中國的14.25億，印度成為世界上人口最多的國家。根據預測，印度的人口還在持續攀升，未來可能會達到20億人。

印度不僅人口多，人口結構看起來也非常「完美」。老年人口占比較低，而年輕人和孩子的比例非常高。圖5-2是中、印兩國人口結構的對比。印度人口年齡的中位數是27.6歲，這表示一半的印度人是28歲以下的年輕人。相較之下，中國和美國的人口中位數都在38歲左右，法國是42歲，韓國是43歲，日本是48.4歲。

這樣的人口結構對國家發展來說，不正是十分有利的優勢嗎？但奇怪的是，印度不僅沒有鼓勵生育，還持續在實施計劃生育，鼓勵大家少生、晚生。

我們或許可以從印度的人均GDP中，找出原因。

2021年，印度的人均GDP只有2,256.59美元，還不到美國（70,248.63美元）的1/30。和其他亞洲國家相比，印度的表現也並不突出。

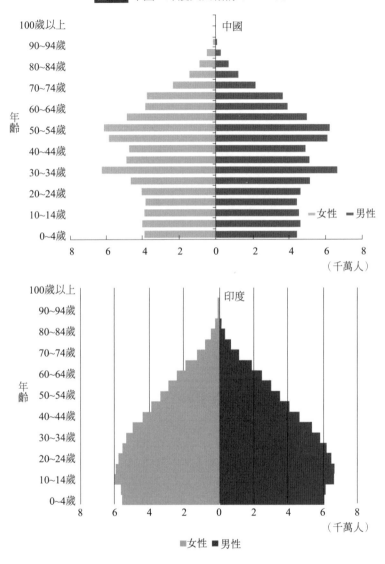

圖 5-2 中國、印度人口結構（2020 年）

中國

100歲以上
90~94歲
80~84歲
70~74歲
60~64歲
年齡
50~54歲
40~44歲
30~34歲
20~24歲
10~14歲
0~4歲

8　6　4　2　0　2　4　6　8
（千萬人）

女性　男性

印度

100歲以上
90~94歲
80~84歲
70~74歲
60~64歲
年齡
50~54歲
40~44歲
30~34歲
20~24歲
10~14歲
0~4歲

8　6　4　2　0　2　4　6　8
（千萬人）

女性　■男性

資料來源：聯合國

時勢
MEGATRENDS

137

從圖5-3可以看到，中印兩國在起步階段的經濟水準相似，但到了2021年，印度的人均GDP還不到中國的1/5。

從正反兩方面來看，龐大的人口數量是一把雙面刃，既可能為經濟發展帶來「人口紅利」，也可能會成為國家發展的負擔。而印度目前面臨的問題是，人口眾多卻不能人盡其用，因為國家無法提供足夠的就業機會，導致大量印度人找不到工作。對於社會底層那些連填飽肚子都困難的小家庭來說，孩子多可能更是一種負擔，因為即使成功養大孩子，他們卻不一定能賺來相應的收入，此時每多生一個孩子就是多了一張吃飯的嘴，而非多一個勞動力。這樣說或許有些冷酷、缺乏人情味，但在經濟學中，人口就是一種量化的資源。

同時，由於教育資源不足，印度人的識字率只有77%。同樣位在亞洲的泰國、越南、印尼、馬來西亞，識字率都達到95%左

圖 5-3 中國、印度的人均 GDP

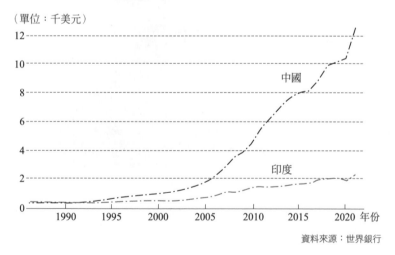

（單位：千美元）

資料來源：世界銀行

右，而印度還不足80%，其中女性識字率更只有70%。這也嚴重阻礙了印度發揮其人口的優勢。

大量低廉的勞動力，讓印度數一數二的大城市孟買迄今依然保留著「千人洗衣場」這種在工業時代早該淘汰的產業。印度不是沒有洗衣機，而是因為人力實在是太便宜了，便宜到雇用工人手洗衣服都比插電的洗衣機便宜。而洗衣服的工人願意接受這麼低的工資，也是因為他們實在找不到更好的工作。

印度經濟發展的底層問題

為什麼印度缺乏足夠的工作機會呢？我們一起來看看印度經濟發展的三個底層問題。

製造產業太薄弱：發展受限

其實，印度最缺乏的是高品質、高生產力的工作機會。

一般而言，經濟學將產業簡單分為三級：農業、工業和服務業。在英國殖民時期，印度的經濟支柱是農業。

獨立後，印度試圖發展工業，但政府壟斷了許多核心產業，再加上許可證制度導致企業之間沒有形成良性競爭，使得工業發展緩慢。印度兩大富豪阿達尼（Gautam Adani）、安巴尼（Mukesh Ambani）都是實業巨頭，雖然輪流「坐莊」亞洲首富，但他們的富有恰恰證明了印度工業的壟斷問題嚴重。產業巨頭和政府勾結不清，企業缺少公平競爭和發展的環境，都體現出印度經濟依然不夠成熟。

1991年經濟改革後，印度成為全球「外包之王」，服務業發

展迅速，貢獻了全國56%的GDP——這項數據看起來不錯，通常只有已開發國家才能達到如此高的服務業占比。但實際上，這對印度來說並不是一件好事，因為國家還沒發展好工業就直接發展服務業，等於還沒有打穩經濟基礎就建起了「高樓」，這座高樓的安全性就有待商榷了。在不夠強而有力的經濟基礎上發展起來的服務業，其實並沒有帶來更多的就業機會，結果反而是就業崗位嚴重不足。只有少數印度人可以進入服務業工作，大部分印度人還是靠農業為生。

為了解決製造業太弱的問題，印度政府在2014年推出了「印度製造」計畫（Make in India），提供各種政府補貼和政策支持，致力把印度打造成新的世界工廠，帶動本國製造業發展。

印度低廉的人力成本和潛力巨大的市場規模，在當時吸引了大量外國企業前往印度建廠，比如汽車產業的美國通用汽車和韓國起亞（KIA）汽車，投資額均超過10億美元。電子產品業的公司就更多了，蘋果供應商和碩（Pegatron）、富士康、華為、高通、三星、vivo、小米等公司全都在印度投資生產。

但目前來看，這些外國投資的成果並不出色。圖5-4是印度製造業占GDP的比率，印度製造計畫原定在2025年之前將這個比率提高到20%，但從近幾年的資料來看，其占比不升反降，從17%降到了14%。

跨國投資似乎並沒有按政府預期帶動印度的工業發展。此外，有些跨國公司的組裝廠雖然設在印度，但各種零組件還是需要進口。於是，印度加強了對跨國公司的監管，以保護本國產業，比如：增加進口零組件的關稅，來鼓勵跨國公司購買印度本地產品；或是要求跨國公司把利潤用在印度做更多投資，而不只是單方面地「利用」印度的勞動力和資源。甚至，為了更進一步

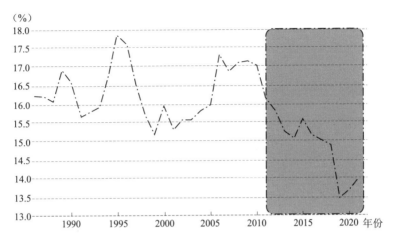

圖 5-4 印度製造業占 GDP 比率近年呈現下滑趨勢

資料來源：世界銀行

「學習」技術和加強控制外國公司，印度政府還要求外國公司高層必須由印度人擔任。2023年，印度甚至要求中國智慧型手機製造商（如：小米）必須任命印度籍人士擔任其印度分公司的執行長、財務長（CFO）、營運長（COO）等要職。

　　雖然印度常被批評欠缺法規意識，但他們在面對跨國企業時卻一點也不草率，法律監管異常嚴格，諸多跨國大企業（包括微軟、谷歌、IBM、BMW，還有智慧型手機企業）都曾因稅收問題、被控壟斷，又或是違反印度進口法、投資法等被處罰過。

　　重重壓力讓跨國公司開始對印度望而卻步。印度商工部（商業及工業部）部長戈亞爾（Piyush Goyal）表示，2014 ～ 2021年總共有2,783家跨國公司關閉在印度的子公司或辦事處。

腐敗的嚴重後果：資本望而卻步

許可證制度不只導致印度工業基礎薄弱，還帶來另一個影響更深遠、也更難以解決的後遺症——腐敗。

而且，腐敗不只發生在政府，而是整個經濟體制都有相同的問題。

在印度，不管是小孩上學、看醫生，還是創業，或者做點小生意謀生，從上到下都需要用錢打點。就連考駕照，都要麼需要打點人脈，要麼乾脆花錢解決。據統計，大約60%拿到駕照的印度人沒有參加過考試。根據國際透明組織（Transparency International）2020年的報告，在過去一年和政府往來的印度人中，39%都有行賄，這個比率在全亞洲是最高的。

久而久之，大部分印度人習慣了藐視規則、制度，甚至法律。原本該受限制的事情可以裝模作樣用錢糊弄過去，原本該暢通推行的事務也會產生一堆看不見的障礙，等著你花錢解決。

這在某種程度上導致外資有些迷茫，不敢貿然投資，因為搞不清楚實際狀況。圖5-5是1991年後印度和越南的外資流入速度，差距可見一斑。

在這種「事在人為」、必須用錢開道、缺少法律約束的社會，合法開公司的成本太高，所以印度只有10%的就業人口在正規的公司工作，而剩下的90%其雇主既沒有登記成為正規公司、也不正規繳稅，更沒有跟員工簽訂正規的雇用合約。

因此，這些員工都不受勞動法保護。對企業來說，沒有正規登記也有壞處，比如在遇到糾紛時，無法獲得法律的保護，或是想要擴大經營和發展時無法獲得銀行貸款。

這些問題也催生出印度龐大的地下經濟。

2016年，印度政府為了打擊地下黑錢和整頓逃漏稅，使出了

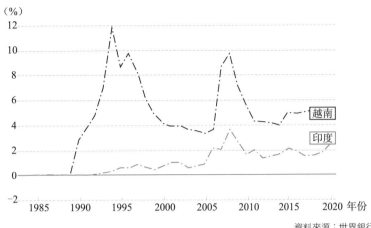

圖 5-5 1991 年後印度和越南兩國的外資流入速度

（%）

越南

印度

資料來源：世界銀行

一個大招。11 月 8 日，印度政府突然宣布全國 500 盧比和 1,000 盧比面值的紙幣將會在幾個小時後作廢，取而代之的是政府新印刷的 500 盧比和 2,000 盧比面值的紙幣。要知道，印度各項交易中最頻繁使用的正是 500 盧比和 1,000 盧比面額的紙幣，大約占市場貨幣總交易量的 86%！

政府宣布給全國人民一個月的時間，去銀行將舊紙幣兌換成新面值的紙幣，如果有任何人莫名其妙換了大量鈔票，政府就會查問資金的來源。

當時，印度 90% 以上的交易都是使用紙幣，除非窮到連 500 盧比都沒有，否則大部分家庭都有這兩種紙幣。於是大家只好放下工作，跑去銀行換錢，但銀行卻沒能及時印出足夠的新鈔來滿足這麼多兌換需求，導致全國人民都在排隊，嚴重干擾整個印度經濟。

最終，政府回收了99.3%的舊紙幣，卻沒有徹底遏制黑錢，完全白忙了一場。不過這項措施卻有個意外的收穫：政府推動了印度電子支付的普及率。許多人擔心政府會再搞一次這種事，於是開始使用手機掃碼支付了。

種姓制度的弊端：降低效率

阻礙印度經濟發展的第三個問題相對獨立，也是我們聊到印度就不得不提的社會問題——種姓制度。

在印度的傳統文化中，人主要被分為四大類：婆羅門（Brahmins）、剎帝利（Kshatriyas）、吠舍（Vaishyas）和首陀羅（Shudras）。在這四類人以下的人，則統稱為賤民（Dalit）。每個種姓都有自己對應的職業，比如婆羅門主管祭祀，剎帝利是戰士和統治者，而賤民就只能去疏通下水道、清理街道等，而且不能接受任何教育。在印度，不同種姓之間也不能通婚。

這套體制已經在印度存在上千年了，當時英國殖民者更是直接寫進憲法裡，主要是方便管理——分好等級以後，英國只要管好最上層的婆羅門即可。

印度獨立之後，雖然表面上已經廢除種姓制度，但是它早已根深柢固地融入印度文化，不同種姓的人很難成為朋友，高收入的工作都存在隱形的篩選機制，結婚更不用說了。直到現在，印度只有5%的婚姻是跨種姓的。由此我們可以想像，種姓制度在印度的影響有多巨大。

那麼，從經濟學的角度來看，種姓制度會帶來什麼問題呢？它把整個人才市場分割成了若干不流通的區塊，降低市場效率。印度的教育、工作、組織、婚姻等都被一把隱形的刀切成四部分，對效率的殺傷力非常大。

印度政府為了打破這種根深柢固的文化，也做了一些努力，比如學校招生和企業雇用員工時，必須招募一定數量低種姓的人，但目前不同種姓之間財富和教育水準差距依然很大（也有研究認為，種姓制度對印度經濟的影響十分有限，並非阻礙印度經濟發展的根本原因）。

· 經濟學小知識 ·

種姓制度對印度經濟的影響

讓我們暫停一下，思考印度的種姓制度直接把人劃分成數個等級，為什麼會影響生產效率和經濟發展？

假設一條水果街上有兩家賣蘋果的店，第一家賣一斤2元，旁邊第二家賣一斤3元。兩家店的蘋果無論外觀、大小還是口感都幾乎沒有差別，你肯定會毫不猶豫地選擇第一家。畢竟東西一模一樣，前者更便宜，很合理！第二家店如果不降價，蘋果就賣不出去，從而促使第二家店調整價格。這就是我們經常說的市場中有一雙「看不見的手」，會調控價格、資源、人才等等，提高經濟運作的效率。

如果我們把種姓制度想像得極端一點，它就相當於把一個大市場直接切成幾個小市場，每個小市場之間是分割獨立的，資源、人才、資金等等都無法順暢流通，只能在單一種姓內部流動。舉例來說，婆羅門市場蘋果一斤2元，剎帝利市場蘋果一斤3元。如果在一個融合的大市場裡，有剎帝利只願意出2元買一斤蘋果，那麼他可以去婆羅門市場買，同時賣蘋果的人也可以獲得收入。但在割裂的剎帝利市場，他既買不到婆羅門市場的蘋果，也買不起剎帝利市場的蘋果，經濟利益因此無法實現。這個

例子顯示，將市場切成多個部分會阻礙資源自由流動，對經濟產生明顯的負面影響。

而在印度的勞動力市場中，高薪工作除了對技能、產業、地域設定了門檻，還多了種姓的限制，因此這個勞動力市場不能簡單視為一個大市場，而是基於種姓制度又設置了一層分隔，使得勞動力無法流通。因為這表示，即使高種姓的工作崗位有空缺，低種姓的人依然會繼續失業。「賤民」始終無法跨越種姓的鴻溝，到高薪、高技能的勞動力市場，只能一直充當廉價勞動力，幹著底層的粗活艱難維生，而他們占據了印度人口的大多數。教育資源、婚姻等門檻的存在，也使得種姓制度對勞動力市場的影響根深柢固。

這也是印度雖為泱泱大國，卻沒有享受到人口紅利的原因。當大部分人口都從事低效率、低生產力的工作，無法打破這個困境時，種姓制度成為了印度貧富差距巨大、生產效率低下、經濟發展受限的重要原因之一。

▌全球前五大經濟體中，貧富差距最大的國家

印度雖然人口眾多，但因為產業結構不夠健全，無法為快速增長的人口提供足夠的工作機會；而政府沒有替民眾提供足夠的基礎保障，最終導致窮人很難靠努力改變命運，富人卻靠著早期累積的資源，隨著經濟高速發展變得越來越富有，貧富差距逐漸拉大。

印度一方面產生了亞洲首富，另一方面人均GDP卻是亞洲倒數；一方面擁有世界最大、最寬敞的私人豪宅，另一方面卻也

有百萬人聚居的貧民窟。如果僅憑直覺感受，我們應該會認為印度不僅貧富差距大，而且應該還是世界上貧富差距最嚴重的幾個國家之一吧？

但根據2022年《世界不平等報告》（World Inequality Report）（表5-1），印度的貧富差距似乎不算是「最」嚴重的：印度最有錢的前10%人口擁有全國將近65%的財富，而最底層50%的人只擁有全國5.9%的財富，這差距雖然大，但比起美國還少了一點，比起智利、墨西哥、南非更是差遠了。

但是，實際上同時在印度和美國生活過的人，卻會感覺印度的貧富差距比美國等已開發國家大得多。難道是統計資料有問題嗎？

真正的原因其實是印度底層的人實在「太窮了」。根據聯合國2022年《世界人口展望》（World Population Prospects）報告：印度貧窮線以下的人口有7.8億，超過了印度總人口的一半；而處於極端貧窮的人口則有2.28億，占總人口數的16%。

印度最有錢的人和最窮困人的財富分配比例，可能和美國差距不大，但對比真正的生活水準，印度的貧富差距無疑是巨大

表5-1 部分國家貧富差距對照

最窮的 50% 人群的財富水準	國家	最富有 10% 的人群的財富水準
5.9%	印度	64.6%
1.5%	美國	70.7%
-0.6%	智利	80.4%
-0.2%	墨西哥	78.7%
-2.4%	南非	85.7%

資料來源：2022 年《世界不平等報告》

的。在21世紀的今天，印度底層人民依然面臨溫飽問題。

　　印度政府也正在嘗試解決這個問題，其極端貧窮人口比率在 2004年時曾高達40%，在2019年時降到了10%。但新冠疫情三年來，越底層的人民生計受影響越大，如今極端貧窮人口比率反彈到了16%，印度近年來的極端貧窮人口數量如圖5-6所示。

　　面對如此大的貧富差距，如何用經濟發展來解決這一問題，也是擺在印度政府面前的一道難題。

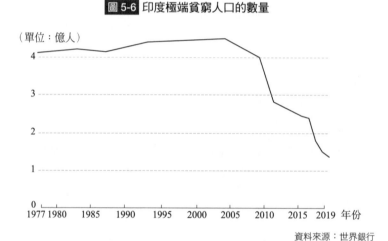

圖 5-6 印度極端貧窮人口的數量

(單位：億人)

資料來源：世界銀行

結語

　　印度在1991年經濟改革之後，迅速發展成為世界第五大經濟體，然而，由於早期的許可證制度，導致工業發展落後、腐敗嚴重，再加上種姓制度的影響，印度無法創造出足夠的工作機會來滿足不斷增長的人口，最終形成了印度的現狀：整體經濟高速發

展，但底層人民仍生活在水深火熱之中。

「家家有本難念的經」，印度要想實現經濟崛起，看來還有很長的路要走。

第六章

希臘

真的脫離債務危機了？

引言

　　以前提到希臘，大家通常會聯想到「陽光」、「愛琴海」和「浪漫的旅遊勝地」……但這幾年，希臘卻頻頻和「債務」二字一起出現。這個曾經締造經濟奇蹟的美麗國家，是如何走上欠錢不還的不歸路？又是如何在高盛的幫助下搞小動作欺騙世人？對後來的歐債危機又產生了什麼樣的影響？

　　本章中，我們將沿著債務這條線索，為大家介紹歐洲各國中最會「鬧事」，也最「倔」的小弟——希臘。

20年經濟奇蹟與20年衰落（1950～1994年）

要回顧希臘債務危機，我們首先要了解希臘曾經締造的經濟奇蹟。

1941～1949年是希臘接連經歷二戰和內戰摧殘的黑暗年代，接近10年的戰爭讓這個美麗的國家變得千瘡百孔。然而，從1950年開始，希臘很快就振作起來，開啟了長達20多年的「希臘經濟奇蹟」（Greek Economic Miracle）。一個國家只要走上正確的發展道路，就能一順百順——希臘的工業、服務業、進出口蓬勃發展，彷彿閉著眼睛買彩券都能中一百萬元。希臘這樣一個小小國家，航運業卻做到了世界第一，直到現在，希臘依然是全球擁有最多商用貨船的國家，全世界1/5的船舶噸位都由希臘船東持有。

在1960～1974年這10多年裡，希臘保持了年均7.7%的GDP增速（圖6-1），排名全球第二，在當時僅次於日本。憑藉著

圖 6-1 希臘 GDP 成長率

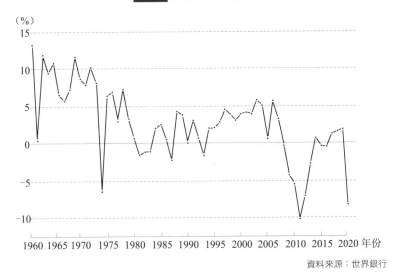

資料來源：世界銀行

極高速的經濟成長，希臘成功躍居已開發國家之列。

但好景不長，在接下來的20年裡，隨著經濟成長速度減緩，希臘的問題一一暴露出來。

首先，是富豪們逃漏稅。儘管希臘在航運業排名世界第一，但許多大公司透過轉移總部到海外等手段，實際上繳納給希臘政府的稅款少之又少。

其次，希臘政府內部也存在嚴重的腐敗問題。

經濟發展停滯再加上高速通貨膨脹，也就是我們前文提到過的「停滯性通貨膨脹」，使希臘的經濟情況開始變得糟糕。

1974～1994年，希臘的通膨率一度高達20%（圖6-2），雖然名目GDP成長率達到20%，但因為貨幣貶值，實質GDP成長率基本為0。

圖 6-2 希臘通膨率

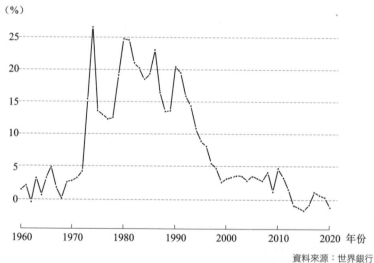

（%）

資料來源：世界銀行

名目 GDP 和實質 GDP

GDP（Gross Domestic Product）即國內生產毛額。顧名思義，是在一段時間內，一個國家或地區所生產的所有商品和服務的總價值，是衡量國家總體經濟發展的重要指標。新聞中經常提到「保2、保3」的說法，就是指GDP成長率2%或3%。

GDP分為名目GDP（Nominal GDP）和實質GDP（Real GDP）兩種，名目GDP是以當年的市場價格計算所有商品和服務的總價值，實值GDP則是以某一基準年的價格，剔除了物價水準波動的影響後得出的國內生產毛額。

舉例來說，假設A國只生產蘋果。第一年共生產100顆蘋果，市場單價為10元。那麼A國第一年的名目GDP就是1,000元。第二年，A國還是只生產100顆蘋果，但蘋果漲價了，單價為15元，那麼A國的名目GDP是1,500元。第三年，A國大豐收，生產了150顆蘋果。但蘋果的價格與第一年相同，因此A國第三年的名目GDP還是1,500元。這都是基於當年度蘋果價格計算的名目GDP。

但問題是，第二年A國的蘋果產量明明沒有增加，卻因為蘋果單價變高，帶來A國名目GDP水漲船高。反觀第三年，是A國蘋果產量最高的一年，但是蘋果降價，GDP依舊與第二年持平。這樣看來，名目GDP並不能反映生產力的變化，因為名目GDP會受到物價水準波動的影響。

因此，經濟學家引入了實質GDP的概念。實質GDP是以基準年（base year）的價格計算所有商品和服務的總價值，剔除了物價波動的影響。如果把第一年當成基準年，A國這三年的實質

> GDP分別是：1,000元、1,000元和1,500元，這樣就能反映實
> 際生產力的變化。類似的概念還有名目工資（nominal wages）和
> 實質工資（real wages）、名目利率和實質利率等。
>
> 　　新聞報導中出現的GDP，一般都是指名目GDP，但實質
> GDP才能用來衡量一國經濟的實際成長狀況。

▌抓住救命稻草——「歐元」

很快地，一個神奇組織的出現讓希臘看到了希望。

1993年歐盟成立。接著，1999年1月1日，歐盟推出了成員
國共同使用的貨幣——歐元。

眼看著歐元體系越來越成熟，希臘亟須抓住這根救命稻草，
加入歐元區。

對希臘來說，加入歐元區有許多好處。一是可以參與更大的
市場，商品、服務和資本都可以流通得更快，效率更高；二是相
較於使用自己國家的貨幣，使用歐元可以帶來更穩定的物價，減
緩國內的通膨。除了以上兩點，加入歐元區還有一個非常重要的
隱藏優勢——至少在2008年之前這個優勢是真實存在的——那就
是市場對所有歐元區的國家都沒來由地充滿信心。從經濟的穩定
性來看，德國、法國這些歐洲核心國家的信用很高，國債殖利率
應該較低；而義大利、西班牙、葡萄牙、希臘等歐洲外圍國家，
經濟不那麼發達，信用較低，理論上這些國家的國債殖利率應該
較高。

但當時的市場把歐元區所有國家視為一個整體，即使某個國

家經濟出現問題，其他國家也不會見死不救——因此，歐元區所有國家的信用被視為相同的，各國的國債殖利率也非常接近。

　　所以對希臘來說，如果加入歐元區，就可以用4%左右的低利率借債。這就好比某個人憑他以往的信用水準和收入情況，只能以5%的利率貸款100萬元；但是因為他最近加入了一個團體，而比爾‧蓋茲也在這個團體裡，銀行就會認為即使此人缺錢了，比爾‧蓋茲也會幫他還錢，於是借給他原本只有比爾‧蓋茲才能享有的利率和額度，使得他能以1%的利率貸款一億元！

　　當時，希臘的信用正在快速惡化，其貨幣德拉克馬（GRI）也在高速通膨中不斷貶值，如果能加入歐元區，將能一解燃眉之急！

　　但問題是，加入歐元區的門檻不低，需要滿足很多要求。比如，政府債務必須低於GDP的60%，政府赤字必須低於GDP的3%，以免某個花錢大手大腳的政府在信用破產時波及整個歐元區的穩定。

　　當時，希臘政府的債務大約是GDP的100%，遠高於歐元區的要求。對於一個債臺高築的國家來說，若想真正降低債務，往往需要經歷漫長的改革，但當時希臘政府的時間已經不多了。究竟有沒有立竿見影的辦法，能讓希臘滿足歐元區的要求呢？希臘政府想到了金融界某家收錢就能辦事的公司——高盛集團。

▍找高盛造假財務，混入歐元區

　　高盛集團是非常神奇的公司，這家公司在許多世紀金融騙局中都當過「幫兇」，而且出事後跑得比誰都快，堪稱各大危機的

最佳配角。

這次，高盛集團幫希臘政府想到的辦法，簡單來說就是兩個字：藏債。

高盛集團利用一系列換匯換利交易（Cross Currency Swap）的「衍生性金融商品」幫助希臘政府藏債。衍生性金融商品可以被列為資產負債表外的業務，雖然之後還是要還，但希臘政府的債務暫時就從資產負債表上消失了。這類操作在金融界屢見不鮮，摩根大通也曾用類似的手法幫助過義大利政府。

最終，希臘政府隱藏了28億歐元的債務，而高盛也從中狂賺6億美元。當然了，這6億美元也不能表現在資產負債表上，本著「造假就要造全套」的原則，高盛還特意找了一群專家把自己的各種開銷從資產負債表中隱藏起來。修修剪剪，希臘總算是達到了歐盟的「入會門檻」，在2001年混進了歐元區。

▋ 搭著低利率順風車，瘋狂借錢

希臘混進了歐元區這樣一個「高級名媛圈」，果然獲得了豐富資源。活躍又有錢的歐洲其他國家為希臘帶來了大量的貿易機會，振興了希臘的經濟。

更關鍵的是，正如前文的分析，希臘政府終於能夠像德國、法國一樣，用最低約3%的利率發行國債，向公眾和投資人借債。要知道，希臘在進入歐元區之前的借債利率可是高達18%！

圖6-3是希臘、義大利、德國和法國的10年期國債殖利率曲線，四條曲線在2008年次貸危機爆發之前，基本是重疊的。

當時歐元區大部分國家都很守規矩，畢竟才剛剛「成團」，

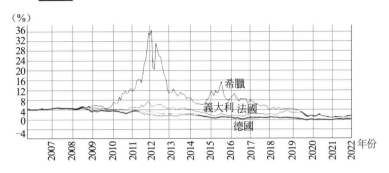

圖 6-3 希臘、義大利、德國和法國的 10 年期國債殖利率曲線

資料來源：Bloomberg

大家並不想毫無節制地借債，破壞團體的規矩。不過，希臘是個「叛逆小子」，只有它沒那麼在乎規矩，一看借錢的成本低到幾乎相當於零，那當然是能借多少就借多少。於是，希臘加足了馬力開始發行國債，債務跟GDP的比率也攀升到超過110%，比加入歐元區之前還要高！

圖6-4是歐元區部分國家的借債比率，希臘和義大利兩國遠高於其他國家，常年超過100%。

那麼，希臘政府究竟為什麼要借這麼多錢呢？難道都送進了官員自己的錢包嗎？當時的希臘政府確實貪腐現象嚴重，但這不是大量借債最主要的目的。借債，其實是為了「花錢」，因為合理的財政支出可以為國家帶來兩個良性循環（圖6-5）。

一方面：政府財政支出→短期內刺激經濟→產生更多的工作機會→帶來更高的稅收→政府獲得更多收入→擴大財政支出……

另一方面：政府財政支出→短期內刺激經濟→加強市場信心→企業更容易借錢，銀行借出更多的錢→擴大財政支出……

希臘正是為了啟動上述的良性循環，寧可跨越借債的紅線也

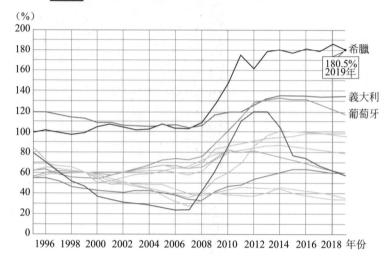

圖 6-4 部分歐元區國家在 2008 年之前的債務與 GDP 比率

注：其餘曲線代表的國家和地區從上到下依序為義大利、葡萄牙、法國、西班牙、歐盟、匈牙利、德國、芬蘭、愛爾蘭、瑞典、丹麥。

資料來源：世界銀行

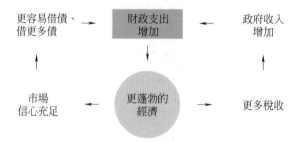

圖 6-5 合理財政支出產生的良性循環

不敢降低政府的財政支出。

雖然希臘不守規矩，債務超標，但當時歐元區正處於組團打怪的甜蜜期，所有國家經濟發展都蒸蒸日上，即使有一兩個「低收入戶」借太多錢也不會產生大問題，所以大家還是和和氣氣的。希臘政府更是對本國的經濟特別樂觀，硬是要承辦2004年雅典奧運會，結果不但勞民傷財，而且又虧了不少錢。但當時全球經濟一片大好，市場信心強，於是希臘持續借新債還舊債，只要大家的信任還在，那債務占GDP的比率再高也不是問題，這也是為什麼金融界流行一句話：「金融的底層資產就是信用。」

▌在次貸危機中「裸泳」

然而，按照景氣循環的規律，經濟不可能一直維持繁榮。2008年次貸危機爆發，全球資產都開啟避險模式，希臘遇上了百年一遇的全球經濟危機。

當時，全球信用極度收緊，債權人開始大量拋售歐洲外圍國家的國債和房地產；外圍國家的國債殖利率也開始飆升，信用收緊，各國都借不到錢。同時，疲軟的實體經濟讓嚴重依賴海運和旅遊業的希臘遭受了嚴重打擊，經濟委靡，政府稅收更少了。不僅如此，希臘之前用於借債的抵押品有很大一部分正是購自美國的次級債券，危機一來，這些債券的價格大跌，希臘必須想辦法增加抵押品。

種種因素加總起來，希臘的國庫很快就空了。這正應了巴菲特（Warren Buffett）那句話：退潮之後，就能知道誰在裸泳（After all, you only find out who is swimming naked when the tide goes out.）。

前文提到，加入歐元區有一條紅線門檻是政府的赤字率要低於3%，即政府一年的淨支出應該低於GDP的3%。按希臘政府的說法，2009年時政府赤字率達到了6.7%，比紅線高出了1倍！但實際情況卻是，相關部門在審計調查後發現，希臘政府的赤字率其實已經高達15.4%！

接著，希臘政府之前在高盛的幫助下藏債的事情，也接二連三被翻了出來。一個國家經濟發展不好也就罷了，竟然還敢做這種騙人的勾當，就好比一個人能力不行也就算了，人品竟然也不行！最終，市場給予了相應的懲罰，之前還能和德國、法國國債平起平坐的希臘國債，自此從A級債券一路被降級為垃圾債券，而這種降級就是在明確告訴投資人，希臘的信用非常差，不要再借錢給它了！

其實，歷史上還有很多國家也曾遭遇經濟委靡、信用惡化的情況。但那些擁有本國貨幣的國家，比如美國、日本，可以透過大量印鈔來刺激內需、讓貨幣貶值以刺激出口等方式來緩解危機，即使這種做法可能導致通膨，但仍可以暫解燃眉之急。然而，希臘卻不能採用這個方法，畢竟「沒有天上掉下的餡餅」，希臘之前在歐元區占盡好處，現在就必須承擔自己無法決定貨幣發行量的代價。

希臘印不了錢，也借不著債，如熱鍋上的螞蟻，只能乾著急。

▌「歐洲三巨頭」的援助

不過，此時著急的可不光是希臘，歐元區其他成員國也慌

了！他們認為一旦希臘破產，在次貸危機的背景下，市場會傾向於相信歐元區有更多成員國都撐不下去了，而加快拋售其他歐盟成員國的國債。義大利、西班牙、葡萄牙等國家的債務情況也不樂觀，這些國家的經濟規模比希臘還大許多，如果歐盟體系崩潰，後果將不堪設想。

此時，各國都以德國馬首是瞻，都在觀望歐元區的支柱國家會怎麼做。當時，全球信用收緊導致資本大量回流到相對安全的德國，因此德國是充滿信心與底氣的。

如果不救援希臘，則希臘國債有很高的機率會違約，違約了怎麼辦？還能讓它留在歐元區嗎？

如果讓希臘留在歐元區，那麼整個資本市場就不會再相信歐元區了，大家會懷疑：希臘作為歐元區的一員，即使違約，歐元區還是繼續容忍，那麼其他國家如果某天也違約，是不是仍能在歐元區安然度日？如此一來，歐元區的信用將大打折扣。

但是，如果把希臘踢出歐元區，資本市場就會認為歐元區各成員國一點都不團結，誰出問題就會被踢出去，那其他國家可能某天也會被踢出去？這樣一來，歐元區可能就要解體了，歐元也會名存實亡⋯⋯

希臘違約讓歐元區各國騎虎難下，局面也非常尷尬。

而希臘大量債務的債主其實就是德國和法國，一旦希臘違約賴帳，德國肯定會蒙受損失，產生的連鎖反應還可能波及整個歐元區。

所以，德國只有一個選擇——救希臘，不能讓其違約。德國政府也很無奈，希臘不遵守歐元區的規則，也從來不顧忌之前簽好的協議，但大家只能選擇救它。

於是，以德國為首的歐盟執委會（European Commission）、歐洲

央行和國際貨幣基金組織共同商議後，決定救助希臘。它們也被稱為「歐洲三巨頭」（European Troika）。

如何救希臘呢？前文提過，希臘無法透過控制歐元貨幣量來刺激經濟，但歐元區也不能為了小小的希臘就大量印鈔，要求其他成員國共同承擔。那就只剩一個辦法：湊錢。最終，「歐洲三巨頭」達成一致共識，2010年5月，歐盟和國際貨幣基金組織決議提供希臘1,100億歐元的援助貸款。

但希臘政府要獲得這筆貸款，必須滿足以下條件：希臘不能再像以前一樣大手大腳地花錢，必須降低支出，同時提高稅收，積極還清即將到期的債務，穩定市場情緒。

這些措施看來十分合理，但其實和經濟學的底層邏輯互相矛盾。一般而言，國家應該在經濟好的時候收緊政策，防止過熱，同時儲備資金；在經濟不好時，應該實施刺激政策，量化寬鬆，使經濟盡快回到正軌。但「歐洲三巨頭」卻要求希臘政府在如此糟糕的經濟環境下，採取緊縮的財政政策。

「歐洲三巨頭」當然也明白經濟學原理，只是立場不同。歐盟和歐洲央行的背後是以德、法為首的歐洲其他國家。當初大家成立歐盟，主要就是為了讓各國經濟能夠更繁榮；但大家當時已經自身難保，沒有人想做慈善家，決定援助希臘也只是為了防止火勢波及到自己。

歐盟各國能湊出錢，已經很不容易，因此沒有人考慮希臘經濟的長期發展與復甦。

希臘在巨大的債務壓力下，也只能接受歐盟的條件。拿到1,100億歐元的援助貸款後，希臘縮衣節食，一邊增加稅收、一邊減少支出，拚命還債。2010年，希臘的財政赤字從15.4%降到了11.3%。

但問題也隨之而來，如此緊縮的財政政策無疑為希臘經濟帶來毀滅性的打擊。2010年時，希臘的GDP成長率是-10%。到2013年，經濟成長率一直是負數，整個國家的GDP在幾年之內萎縮了25%（圖6-6）！

想像一下，一個國家的人口數量不變，GDP卻跌了1/4，除了剛性需求的產業，其他大部分產業都陷入衰退狀態。

希臘的失業率也隨之飆升。2013年，希臘失業率約為25%，其中35歲以下年輕人的失業率更是超過50%。「畢業即失業」在希臘成為赤裸裸的現實。

希臘的經濟衰退不只是這些紙上數字，更是每個希臘人都切身感受到的巨大衝擊。

2012年，希臘的債務情況沒有好轉的跡象，債務占GDP的比率超過170%，「歐洲三巨頭」只好向希臘提供了第二輪援助，這也是史上最高的財政援助——1,300億歐元！希臘政府獲得兩

圖 6-6 希臘 GDP 走勢圖

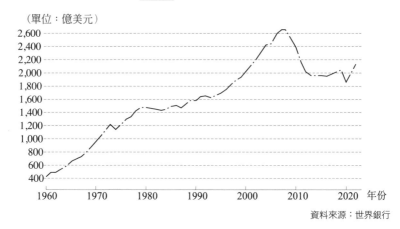

（單位：億美元）

資料來源：世界銀行

輪總計2,000多億歐元的援助後，又經歷了痛苦的裁員、減薪，一次又一次的加稅，終於將財政赤字降到0，實現了收支平衡。市場也開始相信，希臘很快就能成功挺過這次危機。

▌ 史上第一個債務違約的已開發國家

然而，事情並未如預期一樣發展。希臘人民受不了了。

過去幾年，希臘人的經濟生活非常慘澹，許多人把不滿發洩在政府身上，開始發起反抗。希臘政府自己欠下巨債，同意了「歐洲三巨頭」提出的各種條件，卻要求一般民眾承擔後果。大家節衣縮食這麼多年，繳納巨額稅款卻享受不到任何福利，年輕人甚至找不到工作……

最終，希臘人忍無可忍：「我們不能再被牽著鼻子走！我們要自己當家做主！」

經濟委靡帶來了政治動盪，希臘開始爆發遊行甚至暴亂。2015年，新的政黨和總理上臺執政。當時的新任總理齊普拉斯（Alexis Tsipras）面臨兩難處境：一方面是巨大的財務壓力，之前向歐盟和國際貨幣基金組織借來的援助款即將到期，而希臘可能無法如期還款；另一方面，巨大的輿論壓力要求政府不能再接受國際貨幣基金組織的貸款條件。齊普拉斯的解決辦法是：在2015年6月進行全民公投，由人民自行決定是否接受國際貨幣基金組織的貸款以及相應的條件。

這種解決辦法在歐洲國家屢見不鮮——領導人將決策權交給民眾，實際上是把責任推給大家，而公投結果不論對國家和民眾是否有好處，都與政府無關，畢竟這是人民自己的選擇。

在反對情緒高漲的氛圍中，多數人果不其然選擇了「不接受」歐盟的貸款條件。齊普拉斯也就順勢對「歐洲三巨頭」強硬起來：希臘不需要你們的施捨，我們自己的問題自己解決！希臘宣布違約，並對國際貨幣基金組織16億歐元的債務進行違約處理，這是有史以來第一個發生債務違約的已開發國家！

然而，「一時硬氣一時爽，之後窮得叮噹響。」接下來，希臘政府和銀行關門歇業了一週。開業後，銀行的現金儲備依然有限，每人每天最多只能領取60歐元。股票交易所也停業關門。

結果，希臘政府公投結束不到一個月，就再次向歐盟提出援助需求，在2016年得到了為期3年600多億歐元的新一輪貸款援助，而且這回貸款條件比前兩次更為苛刻。

此後，希臘政府和民眾變得踏實了，拿著援助款老老實實地生活，努力還錢。希臘經濟總算開始緩慢恢復，GDP緩慢地成長。最終，希臘在2018年宣布退出歷時8年的財政援助計畫，未來不再需要尋求紓困貸款了，但依然要接受債權方的嚴格監督。

▎希臘現狀：債務比、失業率雙高

從2008年到2018年，次貸危機之後的10年對希臘來說，堪稱「至暗十年」。希臘接受了總計大約3,000億歐元的三輪援助貸款，經歷稅制改革、政治動盪與選舉、全民公投、違約、耍賴，最終在GDP暴跌1/4後避免了大規模違約。

不過，希臘經濟距離走上正軌，還很遙遠。

2020年的新冠疫情讓這個旅遊業大國雪上加霜，GDP回到20年前的水平，失業率高達16%。

2021年，希臘的政府國債和GDP的比率依然高達177%，排名全球第二！那排名第一的國家是誰呢？答案是日本（日本債務比率如此高的原因，請見第二章）。

2022年4月，希臘提前兩年還清了國際貨幣基金組織提供的貸款，擺脫「歐洲三巨頭」的壓力，終於能喘一口氣。同年8月，歐盟結束了對希臘長達12年的財政監督，雖然希臘還沒還完跟歐盟借的錢，但其財政支出將不再受到嚴格限制。

結語

總體經濟聽起來距離我們很遙遠，但每一個經濟大起大落的國家背後，都有許多一般民眾在為此負重前行。

希臘困境的背後，一方面是嚴重的腐敗和不合理的稅收制度等問題，政府明知自己靠造假擠進歐元區，財政支出卻仍不知收斂；另一方面，「歐洲三巨頭」過於嚴苛的貸款條件也為人詬病。但每個國家、組織都有自己的立場，是非對錯很難界定。

歐元區的設計也是一把雙面刃，區域內每個國家的經濟狀況相差甚遠，卻偏要採取統一的貨幣政策。比如，希臘、義大利等國失業率高達25%，而德國的失業率卻能控制在5%以下，歐洲央行面對這個情況，究竟是應該收緊還是放鬆貨幣政策？這無疑是道難題。

第七章

歐盟

重啟繁榮，還是支離破碎？

引言

　　歐盟，曾經的世界第一大經濟體，如今的世界第三大經濟體（2023 年歐盟的名目 GDP 排名僅次美國、中國）。

　　20 多年前，這些歐洲國家為什麼會想使用同一種新的貨幣——歐元？

　　在經歷了短暫的繁榮後，這個聯盟又為何支離破碎？

　　歐盟執委會、歐洲央行、世界貨幣基金組織到底分別掌管哪些業務？

　　數十個歐洲國家在幾十年裡形成了盤根錯節、愛恨交織的關係，引發了一場綿延至今的歐債危機。

　　本章將為大家拆解歐盟的誕生與危機。

前所未見的緊密國家聯盟

歐盟如何形成？

從約1,500年前，即西元476年，西羅馬帝國滅亡之後，歐洲這塊面積不大的地方就不停地在打仗。國家之間彼此距離太近，某國一旦變強就會想吞併附近的其他國家，就這樣紛爭不斷，直到第二次世界大戰爆發。

二戰之後，歐洲各國打仗打到累了，而且眼看著美國和蘇聯兩個超級大國崛起，促使各國代表決定坐下來商量歐洲的未來與發展。

「兄弟們，我們不能再這麼打下去了」；「鷸蚌相爭，漁翁得利呀」；「大家一起想想辦法，今天不討論出點東西來誰也別想走！」

這幫「聰明的大腦」在經歷了激烈的討論後，想出了一個點子：如果大家都不想再打仗，那就乾脆「歃血為盟」！

歐洲各國決定把經濟活動緊密結合，互相多照顧。畢竟大家都是朋友，結合得越緊密，就越不容易發生戰爭。

「既然如此，我們要不要乾脆合併成一個國家？」

這還真不是我在開玩笑，1946年，英國前首相邱吉爾（Winston Churchill）就曾經提議建立歐洲合眾國（United States of Europe），雖然沒有成功，但歐洲各國都認同彼此的聯繫應該更加緊密。

於是，1957年，歐洲經濟共同體（EEC）成立，這是歐盟的前身。六個國家包括：比利時、法國、義大利、盧森堡、荷蘭和當時的西德在羅馬簽署條約，成立了「歐洲經濟共同體」和「歐洲原子能共同體」（EURATOM），後來該條約就稱作《羅馬條約》（Treaty of Rome）。

在歐洲經濟共同體裡，各國實行零關稅制度，商品、貨幣、勞動力、服務都可以自由流動，暢通無阻。隨著二戰之後歐洲各國經濟快速復甦，加上美蘇兩國的外部競爭壓力，越來越多的歐洲國家陸續加入：1973年，丹麥、愛爾蘭和英國加入；1981年，希臘加入；1986年，西班牙和葡萄牙加入。1990年，柏林圍牆被推倒，鐵幕倒塌，德國統一。歐洲這些國家終於可以盡情「擁抱」在一起了。

成員國增加後，原來的制度和條約也需要更新。1991年12月，各國領袖通過了《馬斯垂克條約》（Maastricht Treaty）。1993年11月，該條約生效，歐盟（European Union）正式誕生。除經濟合作外，歐盟各國還加強了包括外交在內的政治合作。對民眾而言，最直接的感受應該是歐盟旅遊簽證帶來的便利性，現在你只要持有歐盟簽證，就可以暢通無阻地在成員國間旅行。

再舉個例子。假設要在歐洲開一家奶茶店，這可說是非常方便，我可以從荷蘭進口牛奶，從義大利進口純淨水，從盧森堡進口機器，從西班牙雇用員工，由德國製造生產，再賣到法國，各國之間的貿易往來完全沒有任何障礙。

歐盟的成立瞬間把歐洲經濟的活躍度，提升到新的高度。

歐元區順勢成立

接下來，我們仍以奶茶店為例。歐盟各國嘗到甜頭之後，卻發現了新的問題：雖然進貨管道暢通無阻，可是奶茶店得用荷蘭盾買牛奶、用義大利里拉買純淨水、用盧森堡法郎進機器、用西班牙幣發薪水給員工、花德國馬克租工廠，然後賣出去收到法國法郎，這還是有點麻煩。

長期貿易下，歐盟成員國對這種不便感觸頗深，於是1999年

1月1日，歐元誕生了！大家決定不只要「抱」在一起，還要「穿」同一條褲子！

　　很多讀者可能會認為，各國使用同一種貨幣來交易並不算新鮮事，畢竟許多國家都在使用美元作為跨國交易的貨幣。但是，這兩者還是有區別的，差異之處在於對使用美元的國家來說，除了美國以外的國家並沒有美金的發行權，也不能參與制定利率政策，不論是政策要放寬還是緊縮，一切都只能聽從聯準會的決定。然而，如果歐洲各國要聯合發行歐元，就表示大家要組團建立「歐洲央行」（European Central Bank），各國未來要一起決定貨幣的發行量和利率，並且要一起努力將歐元區的通膨率穩定在2%以下。

　　當然，要實現這個目標也並非易事。當這麼多組織和國家必須共同商量貨幣政策時，過程中必定會有大量的角力。比如歐洲央行的行長人選，德國和法國就曾經多次發生爭論，這兩個歐盟中的「強國」都想推舉自己的人選。

　　但拋開這些內部角力，歐元區在大部分時候還是一個相互合作的群體。

・ 經濟學小知識 ・

歐盟與歐元區究竟有何不同？

　　我們再來單獨解說一下歐盟和歐元區的差異。嚴格來說，這兩者位在「經濟整合」（Economic Integration）的不同階段。

　　全世界自從享受到全球化的紅利後，各國都在嘗試打破對外貿易的壁壘，以確保本國商品能更順暢地進入國際市場。

而各國之間的經濟合作，可分為不同程度。我們可以用圖 7-1 的金字塔來描述，越往上代表經濟整合的程度越高。金字塔底端是密切程度最低的合作模式：優惠貿易協定（Preferential Trade Agreement），協定雙方可以對特定商品實施免關稅或關稅優惠政策。再往上是自由貿易區（Free Trade Area），成員間會互相免除商品關稅或數量限制。關稅同盟（Customs Union）則是在自由貿易區的基礎上，成員國對外實施統一的關稅和數量限制政策。

圖 7-1 經濟整合的金字塔

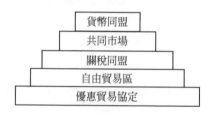

再更進一步是共同市場（Common Market），成員間不僅貿易自由，生產要素如勞動力、資本也完全流通。如果共同市場中的成員國決定使用統一的貨幣，並由共同的央行施行統一的貨幣政策，那就屬於貨幣同盟（Monetary Union）了。再往上其實就接近國家的概念了，如歷史上的東德和西德，在正式統一前不久的財政政策就是一致的。

歐盟的前身之一是 1957 年成立的歐洲經濟共同體，實行零關稅制度，大家可以自由進行貿易往來，為共同的目標合作，大大減少了紛爭。二戰後，越來越多的國家加入。

歐盟建立後，各國在貿易時還是使用本國貨幣，每次都需

要進行貨幣兌換，不夠方便。於是1999年，統一貨幣「歐元」（Euro）誕生，並由各國聯合建立的歐洲央行發行。而歐元區就是歐盟中使用歐元作為通用貨幣的區域。歐洲央行會透過控制貨幣流通量和利率來保證歐元區的通膨率穩定在2%以內。

相較於歐盟，歐元區的入會門檻更高。因為保證物價穩定是建立歐元區的目的之一，所以歐元區成員國的通貨膨脹率、政府債務與支出等都需要嚴格規定。只有非常安分守己的國家才能加入。

2023年，歐元區共有20個成員國，而歐盟共有27個成員國。歐盟的主要組織架構為：各國政府制定財政政策和國家政策；歐盟執委會集體商討經濟政策；歐洲央行決定貨幣政策。

回歸到經濟整合的金字塔，我們不難發現歐盟是「共同市場」，而歐元區則是整合程度更高的「貨幣同盟」。脫歐前的英國只是歐盟成員，並沒有加入歐元區。

▌歐債危機始末

風險暗藏時期

我們在上一章介紹過，加入歐元區對希臘這樣的成員國有許多好處：市場更大、資本流通效率更高、國內物價更穩定；發行國債的時候可以與德、法這樣的強國看齊，以比過去更低的利率借錢等等。

接下來，我們再更深入看看，不同的政府以相同的利率借債會發生什麼事？

首先，像希臘這類經濟發展還不夠成熟的歐洲「外圍」國家，往往有更快的發展速度、更多的投資機會；而像德、法這樣經濟發展已經相對成熟的國家，有更充裕的資本。這就表示資本會選擇投入收益更高的歐洲「外圍」國家，錢會從北方大量流入南方。比如：德法的銀行、資產管理公司、投資銀行，會大量投資、借款給希臘、義大利和西班牙的企業，包括政府。於是核心國家成了資金流出國，也就是債主、債權人；外圍國家成了資金流入國，也就是債務人。

　　不過，國債只是推動歐債危機的一部分因素，單單只是國家的過度借債並不會引發如此大規模的債務危機。實際上，國債殖利率低不只表示政府借債更加容易，而是整個國家的借貸成本都會降低，因為一國各類金融商品甚至房貸利率都與國債利率緊密相連。這對歐洲外圍國家來說，簡直就是「天上掉下來的餡餅」，大家都能用更低的成本借錢。

　　同時，歐元區的建立也降低了交易的限制和成本。比如德、法兩國的國民看到西班牙的房子相較於巴黎價格更便宜、環境更優美，還可以直接用歐元購買，他們就會非常積極地跑到西班牙投資。資本就這樣又流入了外圍國家的房市。西班牙和愛爾蘭的房地產泡沫也就悄然形成。

　　總之，不論是透過國債、其他金融商品還是房地產，越來越多的資本流入了外圍國家，整個經濟體的信用迅速擴張，或者說，是因為利率過低而過度擴張。

　　在資本充足、預期樂觀時，各國可以透過借新債還舊債來粉飾太平。但2008年次貸危機爆發，事態立刻變得緊張起來。

　　投資人開始大量拋售歐洲外圍國家的債券、房地產，國債殖利率也迅速上升，信用收緊，各國政府發現自己借不到錢了，再

加上經濟委靡收不到稅，歐元區各國陸陸續續開始出現債務問題。

除了希臘，西班牙和愛爾蘭房地產市場的泡沫也都破裂了，直接導致本國銀行出現大量壞帳。如果政府袖手旁觀，讓銀行破產，會導致危機越演越烈；但政府想要採取相應的措施，又拿不出足夠的錢來。

歐債危機全面爆發

在兩難的處境中，歐元區國家的經濟全面崩潰。

在前一章談到希臘時，我們說明了歐盟如何處理希臘的債務危機，雖然希臘財務造假在先，但以德國為首的歐盟最終還是無奈地必須援助希臘；而希臘為了獲得貸款，也只能無奈地接受財政緊縮的援助條件。

剛援助完希臘，歐盟還沒喘過氣，緊接著愛爾蘭又爆發了危機。2008年，愛爾蘭的房地產泡沫破裂導致本國銀行資金斷鏈，銀行全都瀕臨破產，政府不得不出手相助，雖然救了銀行，但愛爾蘭政府也欠了一屁股債。

2008年之前，愛爾蘭的債務占GDP的比率還不到30%，可見這是個多麼老實安分的國家，離歐元區設定的60%的債務紅線還有很長一段距離。但為了拯救自己的銀行系統，愛爾蘭的債務占GDP比率直接飆到將近120%，當然，這也和愛爾蘭的GDP下滑有關。

歐盟該怎麼辦？愛爾蘭情況和希臘一樣，不能放任不管，也得出手相救。歐盟和國際貨幣基金組織又湊了850億歐元給愛爾蘭，同樣地，也規定他必須縮衣節食確保還錢。

此時，資本市場開始揣測歐元區其他國家的情況，於是開始

拋售葡萄牙國債。葡萄牙政府趕緊出來闢謠，強調本國的經濟發展狀況良好，不需要救助。但緊接著不到半年，2011年4月，葡萄牙承認自己撐不住了，伸手向歐盟申請資金援助。歐盟此時進退維谷，但也只能出手相助，2011年5月借給葡萄牙780億歐元。7月，歐盟發現希臘又出現了資金缺口，於是只能硬著頭皮再借錢給希臘，經過討論，初步決定再提供希臘1,000多億歐元的借款。

然而，這回希臘還沒拿到援助款，西班牙和義大利的國債價格也開始暴跌。義大利是歐元區僅次於德、法的第三大經濟體，由於其規模龐大，全球金融市場開始發生連鎖反應，美國的恐慌指數（VIX）大幅上升。

歐洲央行發現，這次將無法透過提供義大利援助貸款來穩定市場情緒，如果義大利也宣布要靠援助才能還債，那整個歐元區恐怕全都失去信用了。歐洲央行終於開始啟動印鈔機，大量印錢買入西班牙和義大利的國債來穩定市場情緒。西班牙和義大利也趕緊宣布會採取緊縮的財政政策，縮衣節食努力還債。

2011年9月，希臘總理又公開表示歐盟還沒發放援助貸款，指責歐盟辦事效率太低。此時希臘民眾已經開始暴動，緊接著，義大利國債的標普信用評級從A+降到了A。

眼看事情越鬧越大，形勢急轉直下，歐洲各國如果沒有妥善解決，歐債危機很有可能演變為全球經濟大蕭條。歐元區以外的英國和美國都出面表示關心，英國則先採取了量化寬鬆政策，印了750億英鎊注入實體經濟。

2011年，「歐洲三巨頭」與G20（20大工業國）開會後，決定在發放第二筆巨額援助款給希臘的同時，除了要求實施緊縮的財政政策，另一項條件是私人債權人也需要同意希臘債務重組。這

表示購買希臘國債的私有銀行需要承擔50%的損失，同時還不能算作希臘政府違約——畢竟，誰教這些銀行之前盲目地相信希臘，把希臘國債利率搞得跟德國一樣低！

但現在看來，這實在不是高明的解決辦法，因為市場已經看清楚歐盟不再團結，瞬間對歐元區失去信心，區內所有國家的債券價格集體下跌。

歐盟趕緊再次商討對策，希望透過新一輪的經濟刺激政策抵禦債務危機，卻遭到英國和匈牙利的反對而失敗。最終，信用評等機構標準普爾（Standard & Poor's）一口氣調降了包括法國在內8個歐洲國家的信用評級，市場開始抨擊歐盟處理債務危機的速度太慢。而歐盟也有自己的無奈，畢竟在發生危機時，20多個成員國很難達成統一意見。

2012年3月，「歐洲三巨頭」終於統一意見，確定向希臘發放第二筆1,300億歐元的援助貸款。接著，又向失業率超過20%的西班牙提供了1,000億歐元的援助。再接著，又提供賽普勒斯100億歐元的援助……

從上帝視角看歐債危機

讓我們跳出歐盟的角度，站到更高的角度來俯視，為什麼歐債危機會延續這麼長的時間，影響如此巨大？我總結主要有兩大原因。

首先，歐盟援助的不及時，且對於是否援助以及如何援助猶豫不決，錯過了最佳時機。大家可以想像，歐盟的成員國眾多，協商事情時必定很難堅決迅速地達成共識。當時，新聞每天都在報導布魯塞爾（歐盟總部所在地）正在開會，隔天布魯塞爾又在開會，大家一直在開會，就是因為成員國各懷心事，會議結論無法

達成一致，以致援助措施遲緩，而且每次借款都在不停地談條件，來回拉扯，才導致市場對歐盟國家喪失了信心，信用進一步收緊。

其次，貸款條件苛刻。歐盟中的援助國和受援國都是獨立的國家。想像一下，如果債務危機發生在美國，而聯邦政府決定撥款給中部某個州，此時紐約和加州並不會有意見。但如果發生在歐元區呢？當德國想要援助希臘或義大利，這兩個國家就必須保證能償還借債，也會被要求勒緊腰帶過日子，採取財政緊縮政策（我們已經在希臘一章詳細解釋，這裡就不再說明）。這些國家由於沒辦法主導貨幣政策，因此被迫在危機期間還要收緊財政，這就加劇了受援國的財政困難。

結語

在歐債危機爆發期間，「歐洲三巨頭」一共撥付了5,440億歐元的援助貸款，而歐洲央行為了刺激經濟，也開始實施量化寬鬆政策，印製了上兆歐元，才讓市場慢慢恢復對歐盟的信心，止住歐債危機進一步蔓延。

在這次危機中，債務情況最嚴重的五個國家——葡萄牙、義大利、愛爾蘭、希臘、西班牙——因此被大家稱為「歐豬五國PIGS」。直到2018年，希臘政府退出了援助計畫，「歐洲三巨頭」對其他國家的緊急援助也才基本宣告結束。

然而，直到2023年10月，歐元區的GDP還沒有回到10多年前的水準，希臘和西班牙的失業率依然高居15%左右，與德國5%的失業率形成了鮮明的對比。

讓我們縱觀歐盟歷史：

- 一開始，歐洲各國為了維持和平，建立「經濟共同體」；
- 嘗到甜頭後，各國聯繫更加緊密，成員國也越來越多；
- 為了讓貿易更順暢，「歐元區」成立；
- 由於外圍國家信用過度擴張、政府過度揮霍、經濟過熱，導致房地產泡沫產生；
- 次貸風暴讓「歐豬五國」的信用瞬間崩塌，陷入違約危機；
- 由於歐盟各國關係緊密，歐元區成員國彼此經濟密切相連，導致德、法兩國不得不自掏腰包援助歐洲外圍國家；
- 然而，歐盟各國分屬獨立國家，在討論各項決策時，角力多於妥協，爭吵多於共識，導致援助不及時，使歐債危機從「歐豬五國」擴散到整個歐洲甚至全球。不只如此，各國出於各自利益，要求「親兄弟、明算帳」，對受援國提出了苛刻的貸款條件，導致受援助國掙扎著遲遲爬不出泥淖。

　　歐盟原本是為了和平而成立，如今卻暴露了前所未有的內部矛盾，義大利、法國、德國曾進行民意調查，有將近一半的民眾支持本國退出歐盟，英國更是已經在2020年退出了歐盟。下一章，我們就來聊聊英國退出歐盟的故事！

第八章

英國

剪不斷，理更亂的「脫歐」始末

引言

　　英國，昔日的全球霸主、金融中心，愛好下午茶和炸魚薯條，既紳士又有許多足球流氓（Football Hooligans）的奇妙國度。即使在二戰中損失慘重，英國仍是歐洲經濟實力最強、發展最穩定的國家之一。但在 2016 年，英國卻發生了一件過半數國民都沒有預料到的大事，當時的首相甚至因此辭職，那就是——「脫歐」。

　　英國為什麼脫歐？目前已經「完全脫離」了嗎？脫歐究竟是好事還是壞事？

　　想要解答上述問題，我們必須先大致了解英國百年以來的發展情況。本章中，我會從歷史、政治、地理、文化等多個面向，帶大家了解英國，串聯起 19 世紀至今英國經濟的發展與變化，進而釐清英國脫歐的根本原因和影響。

▍地理：英國究竟分為哪四個地區？

在討論英國經濟之前，我們首先要釐清以下問題：英國到底包含哪幾個部分？

英國（United Kingdom）、不列顛（Britain）、大不列顛（Great Britain）、不列顛群島（British Isles）、英格蘭（England）……這幾個名詞都經常出現在新聞中，但各自所代表的地區並不相同。

英國包含了兩大島嶼：西邊是愛爾蘭島，東邊是大不列顛島，有時簡稱不列顛。這兩大島嶼和周邊的其他小島共同組成了不列顛群島。

大不列顛島可以分為蘇格蘭、英格蘭和威爾斯三大地區；愛爾蘭島則包括北愛爾蘭地區和獨立的國家愛爾蘭共和國。

而我們所說的英國，全名是「大不列顛暨北愛爾蘭聯合王國」（The United Kingdom of Great Britain and Northern Ireland），由北愛爾蘭、蘇格蘭、英格蘭、威爾斯四個地區組成，有時也簡稱為不列顛。

有趣的是，參加世界盃的時候，這四個地區會分別組隊參賽；但參加奧運的時候，它們又會組成一支合作的代表隊參賽。

▍歷史：從輝煌到沒落

從「日不落帝國」到「歐洲病夫」

我們先將時間倒回至18世紀末，英國率先開始了第一次工業革命。緊接著1815年，英國在第二次百年戰爭（1689～1815年）中徹底擊敗法國，進入維多利亞時代後，大英帝國開啟全盛時

期，並展開了全球殖民活動。當時，大英帝國的殖民地遍布全球24個時區，因此被稱為「日不落帝國」，橫行天下。

1870年，英國GDP占全球GDP的9.1%，位居全球第三，排在中國和印度之後。如果計入殖民地的GDP，大英帝國的GDP則占到全球GDP的1/4，在1913年第一次世界大戰之前，甚至達到了全球GDP的1/3。再來看看人均GDP，當時英國人均GDP位居全球第二，而第一名澳洲當時也是英國的殖民地。

這個人口僅約2,000萬人的國家，軍事實力空前強大，國際地位也非常高，經濟相當富裕。

但好景不長，英國還沒坐熱世界老大的位子，德、法、美以及後來的日本，就都在第二次工業革命（1870～1945年）時期奮起直追，迅速完成了工業化。再加上兩次世界大戰和1930年代經濟大蕭條的衝擊，英國的實力大不如前，其殖民地也陸續解放、獨立。

圖8-1是英國債務占GDP的比率，第一次世界大戰開始後，這項比率直接從30～40%飆升至170%，可見戰爭非常燒錢。一戰結束後，英國剛償還了一些債務，二戰又開始了，其債務占GDP比率再次飆升，最高時甚至超過240%。英國在二戰中向美國借的錢，直到2006年才還清。

第二次世界大戰結束後，英國經濟並沒有立刻復甦，而是陷入衰退一段時間，並靠著向美國借錢才撐過去。之後近30年的時間裡，英國的財政目標都是「還錢」，極少實施經濟刺激政策。

1950～1970年，西德、日本和美國都在推動市場自由化，英國卻選擇將許多產業國有化，雖然經濟發展大致穩健，但稍微缺少了創新動力。圖8-2是英國和其他三個國家的人均GDP對比，彼此的經濟實力差距已經十分明顯。

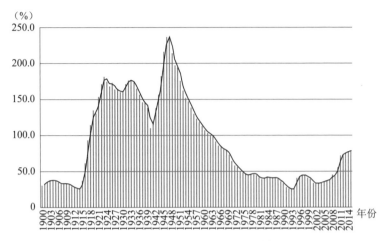

圖 8-1 英國債務／GDP

資料來源：Reinhart，AER and OBR

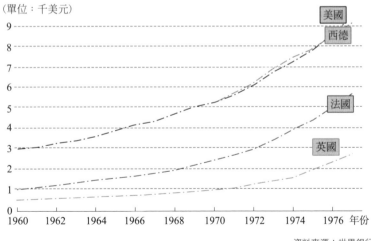

圖 8-2 二戰後，美、西德、法與英國的人均 GDP

資料來源：世界銀行

這時期的英國，早非當年不可一世的「日不落帝國」了，甚至被戲稱為「歐洲病夫」（sick man of Europe）。

成功加入「歐洲小團體」

二戰後，在英國努力復甦經濟的同時，歐洲大陸上有一群同樣飽受兩次世界大戰摧殘的國家，決定團結起來。

1957年，比利時、法國、義大利、盧森堡、荷蘭、西德六個國家，為了避免再一次陷入戰爭，並促進彼此間的貿易往來，成立了「歐洲經濟共同體」（後文簡稱EEC）。這六個初始成員國被稱為「核心六國」（Inner Six）。

大家合作發展經濟的效果不錯，各國都迅速成長，尤其是德、法兩國。這引起了英吉利海峽對岸英國的注意，英國發現本國的GDP成長緩慢，而那些原本不如自己的鄰居卻發展得非常好，不禁眼紅，急忙舉手表示自己也想加入EEC。

但EEC無情地拒絕了英國的請求，因為他們彼此之間其實有一段不太愉快的「交往歷史」。

EEC在籌備成立時，曾邀請英國加入，但當時的英國非常保守。一方面，英國不希望太自由開放，因為國內有不少國有產業；另一方面，英國當時和美國的關係很好，他們擔心加入EEC會影響與美國的合作。

等到德、法兩國經濟起飛後，英國才表示要加入，這就讓法國非常不爽，認為英國不想承擔風險，只想坐享其成，太狡猾了！更重要的是，當時的法國總統戴高樂（Charles de Gaulle）和當年英國拒絕加入有相同的顧慮：英美關係太緊密了，這兩國很有可能某天聯合起來操控EEC。再加上英法之間的陳年積怨，戴高樂堅定否決了英國在1963年和1967年兩次提出的入會申請，甚

至不願意進行談判，態度十分明確：只要我還是法國總統，英國就別想加入EEC！

因此，英國只能等到1969年戴高樂下臺後再申請入會，最終在1973年成功加入EEC。

然而，加入這個小團體就真的搭上了經濟起飛的順風車嗎？英國可能想得太美好了。倒楣的英國遇上全球能源危機，油價暴漲，通膨率一度超過20%。

經濟一下滑，民眾就湧現不滿情緒。英國好不容易才加入EEC，不到兩年就有人民要求退出。1975年，政府只好舉行全民公投，結果是67%的選民支持留下，因此英國沒有退出EEC。

英國經常透過全民公投來表決重要的決策，這在其他國家比較不常見。從另一個角度看，用這種方式制定國家層級的決策，似乎太隨意了。

「鐵娘子」時代：全球第二大金融中心

1979年，英國迎來一位非常強勢的新首相——「鐵娘子」柴契爾夫人（Margaret Thatcher）。

柴契爾夫人上臺後，大刀闊斧地進行了市場供給面的自由化改革：她對金融市場和銀行產業實施去監管化和自由化；又推動減稅、打擊工會、控制通膨，並且將原來大量國有化的資產民營化，試圖刺激國內需求。這套政策被後人稱為「柴契爾主義」（Thatcherism）。後來，德國也效仿了柴契爾的做法。[1]

英國經濟從柴契爾夫人時代開始慢慢追趕德法，金融業也在

1　註：第十章解說俄羅斯經濟時，我們會再介紹戈巴契夫（Mikhail Gorbachyov）推動的重建（Perestroika）和開放（Glasnost）政策，這兩項政策與柴契爾的做法非常類似。在1980年代，私有化和自由化可以說是全世界的主流。

這波浪潮中迅速崛起，成為英國的支柱產業，倫敦也成為全球第二大金融中心。

當時，美元交易最重視的一項利率不是來自美國銀行，而是倫敦銀行同業拆借利率（London interbank offered rate，以下簡稱LIBOR），可見倫敦在世界金融體系中的地位之高。

從1980年代起，歐洲的金融中心就一直是倫敦，北美則是紐約，亞太是香港、新加坡或東京。各大銀行和金融機構主要在這幾個據點覆蓋全球業務。直到後來英國脫歐，一些金融公司才逐漸搬離了倫敦。

總之，倫敦的金融中心地位大部分要歸功於柴契爾夫人的改革。

• 經濟學小知識 •

LIBOR

LIBOR（倫敦銀行同業拆借利率）是指大型銀行間借貸的實際利率，簡單來說就是銀行借錢的成本。銀行在面臨短期流動性問題時，可以在國際貨幣市場尋求其他銀行的幫助。英國銀行公會（British Bankers Association）選擇一批規模大、客戶多、放貸資金量大的大型銀行作為報價銀行，要求它們在每個工作日早上11點發布借款利率（offered rate）和貸款利率（bid rate）。利率包括以美元、歐元、英鎊、日圓、瑞士法郎五種貨幣為基礎、時長為隔夜到1年不同期限的利率。秉持著「救急不救窮」的原則，大多數銀行彼此借貸的資金到期日都相對短。這個原則很合理，因為一家大型銀行如果帳上長期資金短缺，那可能也不用研究貸

款利率了，甚至不會有人願意出手相助。

實際上，銀行間彼此交易時極少完全依據LIBOR提供的利率，LIBOR的重要性在於被廣泛視為利率基準，影響市場上各類利率，包括與我們息息相關的消費貸款和房貸利率。同時，它也暗示國家的貨幣政策和經濟情況，經濟緊縮時會升高，寬鬆時則下降。

然而，地位如此重要的LIBOR卻曾爆出醜聞：2008年金融危機時，美國第四大投資銀行雷曼兄弟破產後，LIBOR在某段期間內出現利率明顯下降且完全偏離事實的情況。當時，有一些報價銀行不願意報出比其他銀行更高的借貸利率，甚至串通起來虛報低價。因為利率報高就暗示著自己在獲取資金方面更加困難，在恐慌情緒瀰漫的2008年，沒有銀行願意承認自己發生了資金流動問題。醜聞被揭發後，LIBOR的信譽也大打折扣。

2023年6月30日，LIBOR正式退出歷史舞臺，取而代之的是一系列不同的基準利率，如美國即採用「擔保隔夜融資利率」（Secured Overnight Financing Rate，SOFR）。

但改革勢必要付出代價，圖8-3鋪灰底的部分是柴契爾夫人改革期間（1980～1990年）英國的失業率，曾一路飆升至12%，是英國近百年來的最高峰。在這10年間，英國的社會也變得動盪不安。

英國內部也有許多人反對柴契爾夫人，至今她仍是極具爭議性的人物。她在推動國有資產民營化的過程中，必然犧牲了很多人的利益，也遭遇到相當大的阻力。有人批評她過於強勢，但在當時的時空背景下，或許也只有這位「英國鐵娘子」才能迅速地將英國推上自由市場經濟的道路。

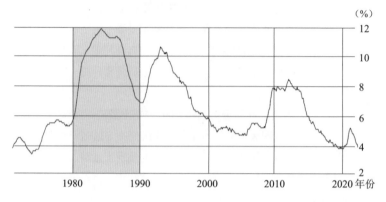

圖 8-3 英國失業率

資料來源：英國國家統計局（ONS）

「難民潮」埋下的脫歐隱患

柴契爾夫人改革後的英國，經濟表現如何呢？圖8-4鋪灰底部分是1995～2008年德、法、英三國的GDP成長，在這段期間，EEC也升級為如今的歐盟。不得不說，加入EEC對英國幫助很大，這三個歐洲核心國家攜手合作，提升了彼此的經濟發展。

圖中英、德、法三國的GDP雖然是「手拉手」一起上升，但實際上英國在歐盟長期處於相對邊緣的「疏離狀態」。

英國與德、法兩國不僅在地理上隔著英吉利海峽，經濟上也存在著大大小小的糾紛。比如，英國是四面環海的島國，但在歐盟的限制下，每年只能捕撈1/5英吉利海峽的漁獲，同時每年還要繳交會費給歐盟。

而在自我認知上，英國人一直認為自己高人一等——我們是高貴的英國人，怎麼能和法國人、義大利人混為一談！因此，英

圖 8-4 德國、英國、法國的 GDP 變化

（單位：兆美元）

德國

英國
法國

1960　1970　1980　1990　2000　2010　2020　年份

1995~2008

資料來源：世界銀行

國經常在歐盟追求特殊待遇，歐盟所有成員國都要遵守的規矩，英國偏不遵守。當然，這也與柴契爾夫人在任時期的強勢作風有關。比如德、法提出要發行新的共同貨幣歐元時，英國就不願意跟進，畢竟他們怎麼能放棄高貴的英鎊！總之，無論是英國還是歐盟的其他成員國，大家都不認為英國是歐盟的核心成員。

英國民眾雖然對歐盟一直心存芥蒂，但當時大家都發展得很順利，而且雙方沒有產生太嚴重的矛盾，所以日子也就得過且過。

直到2010年，歐洲身陷債務危機，而英國剛從次貸危機中恢復，國內經濟情況本來就相當艱困，還要被負債嚴重的「歐豬五國」拖累，導致英國對歐盟又升起各種不滿的情緒。英國就像是一般人虧錢的時候，看什麼都不順眼、老是想找人吵架一樣，終

於「逮」到了一個和歐盟吵架的機會。

2015年起，大量來自敘利亞等國家的難民湧入歐洲尋求庇護。時任德國總理的梅克爾（Angela Merkel）率先為這些難民提供援助，並提議歐盟各國按人口比例接收難民。歐盟一做出決定，各成員國也只能同意，最終大部分難民都流入了英國、法國和德國。

一開始，大家都秉著人道主義的精神歡迎難民。但隨著人數越來越多，難民開始影響英國的社會安定和民眾就業，乃至帶來不同於英國的文化習俗，法國甚至出現恐怖攻擊。英國民眾開始強烈反抗歐盟，「張開雙手歡迎難民」的決策後來也導致梅克爾在德國的支持率斷崖式下跌。

2015年難民潮的背後，其實還隱藏著另一個更加久遠、讓英國對歐盟相當反感的痛點——移民問題。

圖8-5是英國的人口淨流入變化，從1998年起，每年都有幾

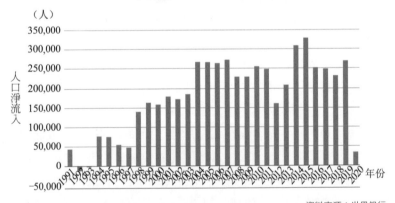

圖 8-5 英國人口淨流入

資料來源：世界銀行

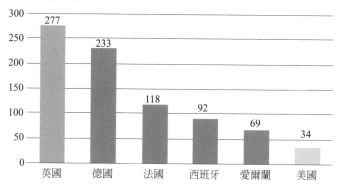

圖 8-6 各國人口密度（2020 年）

（人／平方公里）

資料來源：聯合國

十萬人湧入英國，導致現在英國的人口密度在歐洲國家中名列前
茅，平均每平方公里有277人，而美國每平方公里只有34人（圖
8-6）。

　　難民湧入難免會讓英國本土國民感到不便，而這種不滿情緒
也為後來的脫歐埋下伏筆。

▍經濟：英國「脫歐」始末

「輪流坐莊」的政治體系

　　在回顧英國「脫歐」始末前，我們還需要先了解英國的政治
制度。

　　英國採君主立憲制，「君主」就是指女王或國王，英國現任
君主為2022年即位的查爾斯三世（King Charles III）。君主的存在象

徵著英國政治制度的持續及穩定，與民眾有著深厚的情感連結；作為外交代表，君主也是維繫大英國協各成員國的重要紐帶。

同時，君主也是國家的人格象徵，維持並增強了英國政治制度的合法性。此外，君主還是提供政府內閣諮詢、建議的「政治顧問」。總而言之，英國君主代表著英國的「門面」。

英國政治的核心實際上是負責立法的議會，議會分為上議院（House of Lords）和下議院（House of Commons）。大部分立法決策都是在下議院討論決定的。下議院總共有650個席位，即650個下議院議員（member of parliament，以下簡稱MP），每一個MP都代表英國的一個選區（constituency）。

英國大選五年進行一次，主要由兩個黨輪流「坐莊」：工黨（Labour Party）和保守黨（Conservative Party）。

不過，英國大選是「選黨不選首相」，選民在投票時是投給選區中某個政黨的MP；然後統計出650位MP中哪個黨派成員數量過半（超過325席），那個黨派的黨魁就當選為英國首相，再由首相組建政府。如果某個黨派占據多數席次，但總數沒有過半，那就必須聯合其他政黨一起組建聯合政府。聯合政府推動任何政策都很麻煩，到底有多麻煩呢？答案在後文中揭曉。

總之，英國嚴格貫徹自下而上的選舉制度，這與美國民眾直接選舉總統的方式不同。

2010年，英國首相為保守黨的卡麥隆（David Cameron），但由於保守黨在議會中只占306席，沒有超過半數，於是副首相由自由民主黨（Liberal Democrats）黨魁克萊格（Nick Clegg）擔任，兩個黨派聯手組成了聯合政府。這是第二次世界大戰結束之後，英國首次出現聯合政府，而沒有一黨獨大帶來的後果是首相卡麥隆乃至保守黨的話語權都十分有限。

卡麥隆本身支持英國「留歐」，這也是當時英國國內大部分經濟學家的共識。但隨著民眾要求舉行「是否留歐」的全民公投呼聲越來越大，卡麥隆的壓力也越來越大。此時有個新政黨甚至憑藉著民眾對歐盟的不滿情緒悄然崛起，也就是英國獨立黨（UK Independence Party，以下簡稱UKIP）。而保守黨內部也分化為「留歐」和「脫歐」兩大派系，兩位保守黨MP甚至轉投向UKIP。

　　當時的情勢對卡麥隆來說，可說是內憂外患。2015年英國大選前夕，據預測網站計算，UKIP的支持率已經飆升到25%，保守黨雖然可能贏得多數席位，但是贏得過半席次的機率非常低。於是，卡麥隆做出了一個之後令他非常後悔的決定，他提議：如果保守黨能在2015年大選中贏得超過325個席位，就舉行全民公投，決定英國是否「脫歐」。

　　其實卡麥隆的盤算也不算大錯特錯。首先，卡麥隆不認為保守黨能夠贏得超過325個席位，他有很高的機率不用履行承諾，這樣提議還能顯示出自己相當公正。卡麥隆當然不希望英國脫歐，因為這對英國來說是弊大於利。再退一步來說，假設真的要舉行全民公投，投票結果為「脫歐」的機率也並不高，保守黨反而可以在很長一段時間內堵住那些主張脫歐者的嘴，而且舉行公投也有助於英國政府去和歐盟討價還價：如果歐盟再不給英國一點實質的利益，那我們真的要退出了！

　　卡麥隆的算盤打得很精細，英國民眾當然不知道他心裡是這樣想的，但聽到他宣布將用公投決定是否「脫歐」，大家都興高采烈地轉向了保守黨。結果，保守黨得到了331個MP席位，竟然獲得議會過半數的席次！此時，卡麥隆大概不知道該哭還是該笑了，既然他贏得了過半數席位，當時不計後果許下的承諾跪著也要兌現！於是，他宣布英國將在2016年6月23日舉行全民公

投，決定英國是否「脫歐」。

公投結果出乎全球意料

「留歐派」和「脫歐派」兩大陣營開始為自己拉票。

「留歐派」的支持者陣容相對更強大，以時任首相卡麥隆為首，還包括工黨前黨魁柯賓（Jeremy Corbyn）、前首相布萊爾（Tony Blair）和約翰・梅傑（John Major）等人。他們的口號是「Britain Stronger in Europe!」（英國留在歐盟更強大！）此外，英國以外的國家，比如美國、歐盟等也都支持英國留歐，因為這更有利於各地區的穩定發展。畢竟俗話說得好——家和萬事興，大家都認為公投鬧一鬧無傷大雅，英國不可能真的脫歐。

而「脫歐派」陣營的領袖也來自保守黨，包括2019～2022年擔任英國首相的強森（Boris Johnson），當然還有UKIP的黨魁法拉吉（Nigel Farage）。他們的口號是：「Take Back Control!」（奪回掌控權！）

很快地，公投宣傳運動開始脫序，雙方無所不用其極，出現大量誇大事實的不實宣傳，甚至端出非常極端的言論來煽動民眾。本來複雜的經濟問題演變成一場聲勢浩大的鬧劇及政治衝突。2015年剛當選議會議員的工黨MP喬・考克斯（Jo Cox），甚至在2016年公投前當街遇刺身亡。

雖然彼此鬧得不可開交，但選舉前的民意調查顯示，「留歐派」會以7：3獲勝。因此卡麥隆氣定神閒地開始籌備和歐盟的談判，「脫歐派」的強森也在公投前準備好了脫歐失利的演講稿。

2016年6月23日，全民公投日終於到了。此時，問卷上只有一個問題：「英國應該留在歐盟，還是脫離歐盟？」（Should the United Kingdom remain a member of the European Union or leave the European

Union?）

　　公投選票是人工統計，一開始「留歐派」占據優勢，金融市場也非常穩定。但突然之間，形勢急轉直下，雙方票數陷入膠著，市場也開始劇烈震盪，隨著得票比例的變化而暴漲或暴跌。最終出乎所有人的意料，「脫歐派」以52%比48%的些微優勢爆冷獲勝。

　　圖8-7為公投當天英鎊兌美元的匯率變化，可見波動十分劇烈，英鎊在一天之內暴跌20%。

　　而從各地區的票數統計結果可以發現，位在英格蘭、威爾斯等地的選民大部分選擇「脫歐」；而倫敦、卡地夫（Cardiff）等大城市，以及蘇格蘭、北愛爾蘭等地區的選民，則大部分選擇「留歐」。

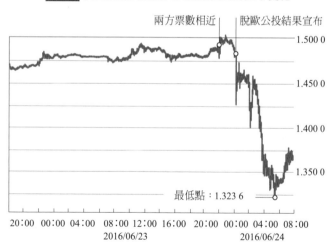

圖 8-7 英國脫歐公投當天英鎊兌美元的匯率變化

資料來源：Bloomberg

公投結果導致蘇格蘭也開始叫嚷著要舉行全民公投，決定是否脫離英國。顯然，不論「脫歐」對英國經濟產生何種衝擊，英國國內已經先變得更加分裂了。

卡麥隆可說是搬石頭砸自己的腳，再也沒面子繼續留在議會擔任首相，公投結束第二天，他就引咎辭職了。半個月後，特蕾莎・梅伊（Theresa May）參與競選並接下了接力棒，臨危受命出任英國首相，成為英國歷史上繼柴契爾夫人後的第二位女首相，被大家稱為「梅姨」。

脫歐後的「談判無止境」

但一切到此為止了嗎？當然不是，混亂才剛剛開始！

歐盟成立已經很長時間，各國的經濟和政治可說是水乳交融，就好比大家早已融合成一杯奶茶，但現在其中一款牛奶說要退出，要從奶茶裡將自己提煉出來，這對各國來說肯定超級麻煩。而且卡麥隆政府原來就沒打算要真的脫歐，所以完全沒有準備，公投結果一出來，不論是英國、歐盟還是整個市場，全都不知所措。

有記者問「梅姨」：英國「脫歐」究竟代表了什麼？「梅姨」無奈地說出了一句名言：「Brexit means Brexit!」（英國脫歐意味著英國脫歐了！）現在看來，「梅姨」才是廢話文學的鼻祖……但她可以說是英國最倒楣的英國首相之一。「梅姨」本來支持留歐，之前也屬於卡麥隆陣營，只是沒那麼高調，現在卻不得不接手卡麥隆捅下的大簍子。

那麼，具體來說，「脫歐」究竟需要處理哪些問題呢？主要是五花八門的經濟問題：自由貿易、公民權益、脫歐成本、現有外債、捕魚權利等等，我就不一一展開論述了。但其中有一個非

常重要的問題，值得單獨拿出來介紹，這也是「脫歐」談判中最麻煩的部分——邊界問題，即北愛爾蘭和愛爾蘭共和國的邊界問題。

這其實是困擾英國半個世紀的老問題了。

20世紀前，整個愛爾蘭島都受英國的統治。當時的愛爾蘭也曾經多次反抗，有一部分人想要獨立，但北方另一部分人卻堅定地希望繼續跟著英國發展。於是，1920年，英國在愛爾蘭畫出了一條499公里的邊境線，北方的北愛爾蘭歸屬英國，南方的大部分地區則成為愛爾蘭共和國，並從此獨立。

分開後，雙方並不和睦，對彼此的敵意都很強烈，還打起了貿易戰，互相加收懲罰性關稅。局勢越演越烈，愛爾蘭共和國認為北愛爾蘭是愛爾蘭的一部分，而且得到了北愛爾蘭一部分民眾的支持。北愛爾蘭的民眾又逐漸分成了兩派：支持留在英國的統一派（Unionist），和支持加入愛爾蘭共和國的民族主義派（Nationalist）。

1960年，雙方衝突升級，愛爾蘭島局勢非常動盪，以致英國不得不在邊界搭建隔離牆和軍事緩衝區。沒想到，這場動盪持續了30多年，大大小小的衝突導致上千人死亡。

直到1998年，統一派和民族主義派終於達成共識，簽訂了《貝爾法斯特協議》（*Good Friday Agreement*）。協議的主要內容是，北愛爾蘭人民可以自由選擇要成為英國或者是愛爾蘭公民；且北愛爾蘭在未來有權利決定要留在英國還是加入愛爾蘭。簡單來說，北愛爾蘭對於自身的身分認同，擁有最大的自由選擇權。

這份協議結束了英國和愛爾蘭之間的爭執，邊境線的存在也漸漸變得無關緊要。

然而，英國脫歐後，愛爾蘭共和國依然屬於歐盟，引發了新

的問題：北愛爾蘭可以自由選擇是否留在歐盟嗎？

如果重新設立實質的硬邊界，那就會喚起歷史上的老爭議；如果不設立實質邊界，某種程度北愛爾蘭就依然留在歐盟。

英國和歐盟一直在協商這個問題，但尚未找到雙方都滿意的解決方案。

新任首相「梅姨」面臨的不僅僅是北愛爾蘭的問題，她還需要和歐盟達成一份《脫歐協議》（*Brexit Withdrawal Agreement*），這份協議必須經過英國議會批准，如果議會否決，就得去與歐盟重談，她此時變成了夾在兩方之間的「受氣包」！

所幸「梅姨」的思路十分清晰，她知道自己必須先得到國會的支持、盡量爭取過半的議會席次。2015年，卡麥隆好不容易才爭取到331個議會席位，而「梅姨」剛上臺時，她的支持率比卡麥隆高不少，根據民意調查，如果重新舉行大選，她的保守黨應該會獲得更多的議會席位。於是「梅姨」在2017年決定臨時提早舉辦大選，以獲得更多的話語權。

結果卻令她跌破眼鏡，保守黨雖然贏得了選舉，但這次只得到317個席位，比上一次少了十幾席，而且沒有獲得過半席次，導致保守黨喪失對政府和議會的絕對控制權，需要再次組成聯合政府。英國的議會又要開始每天吵架了！此時，雙方已經吵了兩年，跟歐盟達成的初步協議一直被國會打回，「梅姨」實在受不了兩面受氣，於是也宣布辭職。之後強森上臺，終於在幾次來回談判後，於2020年初提出「脫歐計畫書」獲得議會通過，正式啟動了英國的脫歐流程（圖8-8）。

《脫歐協議》具體包含了哪些事情呢？這份協議總共有2,000多頁，最核心的內容如下。

首先，在貿易上，英國和歐盟各國繼續保持零關稅的自由貿

易。

其次，在邊境問題上，北愛爾蘭和愛爾蘭之間繼續保持開放，不設立邊界，但北愛爾蘭人在通過愛爾蘭海時不再像之前一樣自由，要經過海關檢查。

最後，是曾經讓英國人非常憤怒的移民問題——移民不可以再像之前一樣自由流動，除非是前往英國留學的學生。所有來自歐盟的移民都需要透過系統申請並進行評分，符合人才標準的人才能獲得移民資格。同時，英國人也不能再隨意進出歐盟各國了。

▎現狀：一場脫歐，換5任首相

對於英國的脫歐事件，有些人認為當初不應該舉辦公投，英國不該離開歐盟；有些人卻肯定脫歐，但認為最終達成的協議造成太多損失，英國應該重新談判，甚至不簽協議「直接脫離」。

不管「脫歐」本身對英國經濟的影響是好是壞，這幾年雙方互相拉扯帶來的不確定性，才是最高的代價，對英國經濟造成了不小的衝擊。

過去，歐盟有超過40%跨國企業將總部設在倫敦。2016年脫歐公投結果一出，大家便如坐針氈地等待談判的結論。談判過程十分曲折繁複，這種懸而未決的情況讓全球所有在英國營運的企業，都必須同時做多重準備，許多計畫也都只能暫時擱置，嚴重影響了當時英國的生產力。

同時，堅定支持留歐的蘇格蘭人民也傷透了心，他們甚至想舉辦全民公投，來決定是否要退出英國、加入歐盟。但英國議會

圖 8-8 「英國脫歐」時間軸

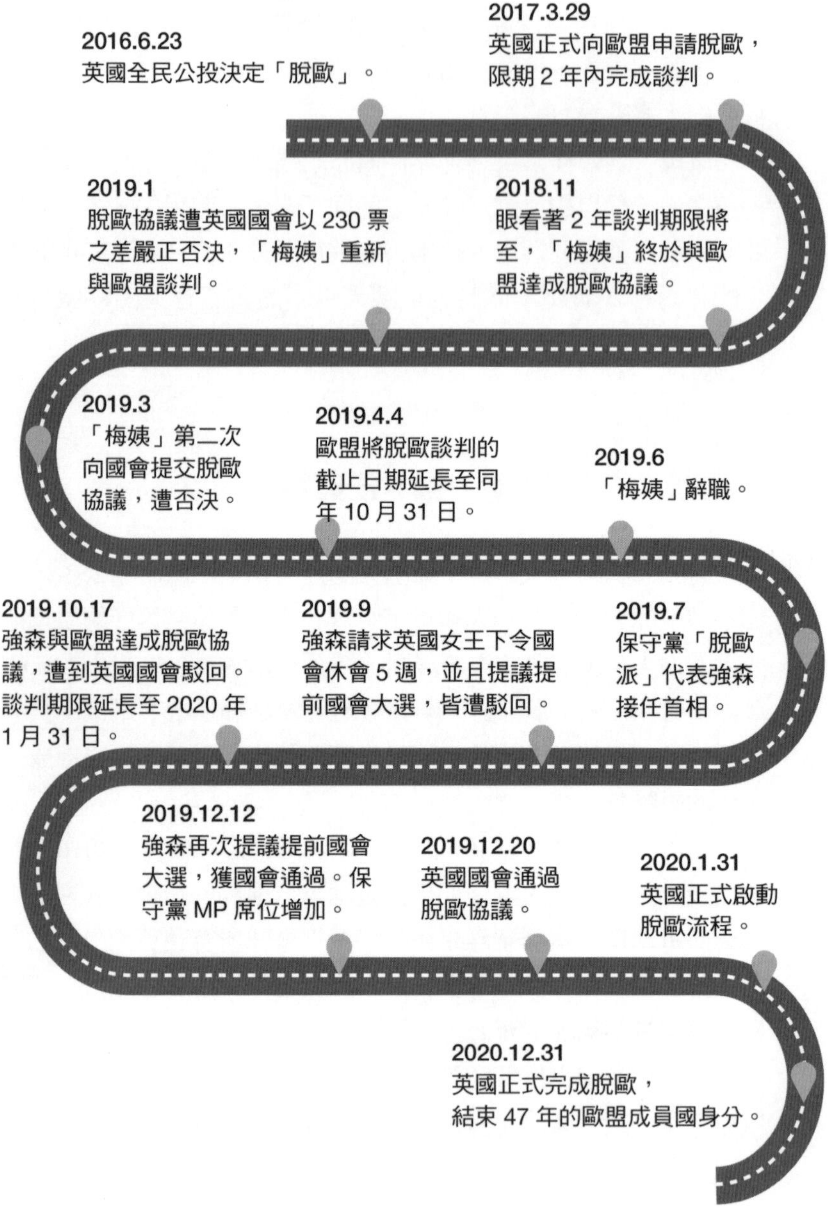

2016.6.23
英國全民公投決定「脫歐」。

2017.3.29
英國正式向歐盟申請脫歐，
限期 2 年內完成談判。

2019.1
脫歐協議遭英國國會以 230 票
之差嚴正否決，「梅姨」重新
與歐盟談判。

2018.11
眼看著 2 年談判期限將
至，「梅姨」終於與歐
盟達成脫歐協議。

2019.3
「梅姨」第二次
向國會提交脫歐
協議，遭否決。

2019.4.4
歐盟將脫歐談判的
截止日期延長至同
年 10 月 31 日。

2019.6
「梅姨」辭職。

2019.10.17
強森與歐盟達成脫歐協
議，遭到英國國會駁回。
談判期限延長至 2020 年
1 月 31 日。

2019.9
強森請求英國女王下令國
會休會 5 週，並且提議提
前國會大選，皆遭駁回。

2019.7
保守黨「脫歐
派」代表強森
接任首相。

2019.12.12
強森再次提議提前國會
大選，獲國會通過。保
守黨 MP 席位增加。

2019.12.20
英國國會通過
脫歐協議。

2020.1.31
英國正式啟動
脫歐流程。

2020.12.31
英國正式完成脫歐，
結束 47 年的歐盟成員國身分。

沒有批准公投申請。順便一提，蘇格蘭其實早在2014年就曾經舉行過一次獨立公投，最終有55.8%的人反對，沒有獨立成功。

蘇格蘭不開心，愛爾蘭也不平靜。2022年6月，愛爾蘭的邊界問題再次被拿出來討論。英國認為《脫歐協議》中的「北愛爾蘭議定書」（Northern Ireland Protocol）部分內容難以執行，要求重新談判，否則將單方面撕毀協議。比如，其中一個爭議點是北愛爾蘭的司法管轄權問題。在先前的協議裡，歐盟堅持擁有北愛爾蘭的司法管轄權，但英國認為自己握有北愛爾蘭的主權，而現在英國已經脫歐了，因此這項規定並不合理。

於是，雙方只好開始新一輪的談判。

2023年2月27日，英國首相和歐盟主席宣布，雙方就北愛爾蘭問題達成新一份協議「溫莎框架」（Windsor Framework）以取代「北愛爾蘭議定書」。在這份協議中，歐洲法院保留了對北愛爾蘭的直接司法管轄權，但新增了一項「斯托蒙特煞車」（Stormont brake）機制，簡單來說就是如果歐盟想實施新法律，北愛爾蘭不同意的話可以「踩煞車」，這樣一來英國政府就能獲得否決權，參與討論這項歐盟法律是否要在北愛爾蘭推行。更重要的是，這份協議對商品和貿易規則做了重大的調整，比如：商品的增值稅稅率會更貼近英國其他地區，而不是像之前一樣由歐盟決定；以及英國從大不列顛島運送到北愛爾蘭的貨物，現在要區分走綠色通道和紅色通道──留在北愛爾蘭當地的貨物走綠色通道，就像普通的跨省運輸一樣只需登記即可，但經北愛爾蘭地區再送到歐盟其他國家的貨物，要走紅色通道，必須像出口到國外一樣接受檢查。

此時，英國從脫歐開始到現在，已經有5任首相參與其中，現任首相從強森變成了蘇納克（Rishi Sunak），這兩位中間還有一

位任期只有一個多月的伊莉莎白‧特拉斯（Elizabeth Truss）。

結語

　　從希臘加入歐元區，到歐洲債務危機，再到英國脫歐，幾十年來，歐盟的面貌在各方勢力的角力下不斷更迭。但在這些變局之間，始終不變的是「利益」二字。歐洲各國曾為了各自的經濟發展積極結盟，卻也在風險大於利益時，想要抽身離去。

　　然而，在全球化的格局下，每個國家都很難獨善其身。

第九章

中東

成也石油，敗也石油

引言

　　20世紀全球經濟的核心，是石油；而石油生產的關鍵，是中東。

　　從1930年代中東開採出大量石油的那一刻開始，這塊地區就注定成為未來全世界的關注焦點，也成為美國、英國、蘇聯的戰略必爭之地。

　　短短幾十年，中東經歷了戰爭、聯合、陰謀、政變、暴富、危機、談判……

　　石油除了為中東帶來巨大的財富，還帶來了哪些影響呢？

▍發現「黑金」之地（1860～1930年）

　　1859年8月27日，美國商人愛德溫・德雷克（Edwin Drake）在賓夕法尼亞州成功鑽出了世界第一口油井。他把鑽出來的石油[1]裝在就近找到的威士忌木桶裡，結果「桶」（barrel）從此成為石油最主要的計量單位[2]。現在我們統計各國的石油產量、進出口量時使用的幾百萬桶、幾千萬桶，就源於此。

　　石油的燃燒效率遠遠高於煤炭，而且可以透過管線運輸，在儲存與使用上都更加方便。因此，石油產業在接下來的50年內迅速發展，人們大量挖油井，建造煉油廠和運輸管線。1860年時，石油年產量還只有50萬桶，10年後就達到2,000萬桶。1920年更成長到了4.5億桶。此時，世界上大部分國家都意識到：石油將成為改變世界的重要產業。

　　在1900年之前，美國主導了全世界大部分石油的開採、提煉及消費，產量占全球總產量的65%。而美國企業家洛克菲勒（John D. Rockefeller）的標準石油公司（Standard Oil Company）可說是壟斷了當時全美的石油產業，收購了開採、提煉、運輸的整條產業鏈。直到1911年，美國最高法院才判定標準石油公司構成壟斷，將它強制分拆成34家公司。

　　除了壟斷，美國人還注意到另一個問題——石油開採速度太快，當時全美石油儲量只夠開採十幾年。因此，包括美國在內的許多已開發國家開始在全世界尋找石油。在20世紀初的前20年間，墨西哥、伊朗、委內瑞拉、伊拉克以及科威特境內相繼發現

1　注：從嚴格定義來說，剛從地底開採出來的是原油（crude oil），經過加工處理之後才是石油，為了方便理解，我們不區分兩者，統稱為石油。
2　注：一桶石油約為159公升。

了大量石油。1938年，美國又在沙烏地阿拉伯（以下簡稱「沙國」）開挖出新的石油資源，而且是當時全球已知最大的產區。

我們先簡單了解一下中東的歷史。在發現石油前600多年，中東一直由鄂圖曼土耳其帝國斷斷續續統治著。後來，鄂圖曼土耳其帝國逐漸沒落，並在第一次世界大戰中戰敗，中東地區也被「大卸八塊」，交由英法兩國託管。其中，英國占主導地位，因為前文提到開挖出石油資源的國家（伊朗、伊拉克、科威特）在當時都由英國管轄。英國因此成為了全球石油霸主，雖然本土石油產量很低，但他們控制的已知石油儲量占到全球50%。

1938年美國在沙國挖到石油後，可不想白白拱手讓人，於是就跟英國商量，中東其他地區的石油都歸英國，但沙國的石油必須歸美國！這就像是一群富豪在窮小子家裡挖到了黃金，富豪不會跟窮小子說：「拿著這些黃金吧，祝你好運」，而是會在窮小子家門口跟其他富豪商量如何分配黃金。

總之，中東石油的蘊藏量相繼被發現後，原本只能以旅遊業作為經濟支柱的沙漠國家，搖身一變成為全世界的主角，帶領世界進入動盪近百年的石油時代。

▊「七姐妹」時代（1930 ～ 1970 年）

建立石油同盟：控制全球市場

石油資源的屬性很特殊：從需求面來說，人類對石油的依賴程度極高，可以視為半剛性需求，不論便宜還是昂貴都必須購買；從供給面來看，石油的總量相對固定，彈性較小，不像糧食的生產相對有彈性，短缺的時候可以增加種植。

這種供給有限、需求卻非常穩定的稀有資源，生產者如果能夠控制產出，就能享有巨大的利益前景，無論定價多高都能賣得出去。對石油公司來說，油價當然越高越好，這雖然不利於消費者，卻是石油公司追求的目標。標準石油公司之所以不惜重金、壟斷整個石油產業上下游，就是因為一旦能夠控制油價，就極有可能成為當時最富有的公司。

1911年，標準石油公司被拆分後，石油市場回到了大混戰的局面，各大公司都在瘋狂開採石油，瘋狂打價格戰，導致1920年代油價一直走低，大家的獲利都不理想。在激烈的價格戰中，這些巨頭終於意識到：這是何必呢？畢竟誰也無法真的打贏誰，打贏了也會被政府拆分，我們還不如偷偷聯合起來控制油價，大家一起賺錢！

當時，石油市場上最主要的三大企業分別是：紐澤西標準石油公司（Standard Oil of New Jersey，後來的埃克森石油）、英波石油公司（Anglo-Persian Oil Company，後來的英國石油公司BP）、荷蘭皇家殼牌公司（Royal Dutch Shell，現在的殼牌石油）。

1928年，三家公司的高層在蘇格蘭祕密會面，並口頭達成了「As-Is Agreement」約定。由於沒有通用的翻譯，不妨暫且稱之為「就這樣辦條約」。約定的內容主要是三家公司要避免相互競爭，不打價格戰，明確區隔各自的市場，自己管自己的地盤——簡而言之，就這樣辦，才能大家一起都得到好處。

之後，又有四家石油巨頭陸續加入「就這樣辦條約」，包括：加州標準石油公司（Standard Oil Company of California，後來的雪佛龍石油）、海灣石油公司（Gulf Oil，現被雪佛龍併購）、德士古石油公司（Texaco，現被雪佛龍併購）、紐約標準石油公司（Standard Oil Company of New York，後來的美孚石油，現與埃克森石油合併）。

這七家公司祕密地組成了聯盟（圖9-1），控制著全球的石油市場。聯盟的名字還非常可愛：「七姐妹」（Seven Sisters），但在可愛的表面下，「七姐妹」手握著伊朗、伊拉克、沙國和其他波斯灣國家幾乎所有的石油開採權，掌握了全球85%的石油儲備，

圖 9-1 「七姐妹」示意圖

・經濟學小知識・

卡特爾（Cartel，聯合壟斷）

像「七姐妹」這種聯手控制單一資源的組織，在經濟學裡稱為「卡特爾」，是生產者為了避免過度競爭導致整體利益下跌而形成的壟斷聯盟。

「卡特爾」不利於自由經濟市場的資源配置，但內部成員卻能夠因此獲得更多利益。所以，市場的監管者和消費者會想方設法阻止卡特爾形成，而生產者則會想方設法形成卡特爾。

全球石油市場多次形成了不同的卡特爾，就是因為石油資源極度稀缺，形成卡特爾將能獲得極高的利益。

在國際市場上幾乎可以呼風喚雨、為所欲為。而當時各國政府和其他公司都不知道這個祕密協定，直到20多年後才被洩露出來。

「七姐妹」的石油壟斷策略

「七姐妹」是如何控制中東國家的石油生產呢？其實很簡單：它們控制了幾乎所有的石油銷售管道，同時控制了大量石油開採、提煉的相關技術。中東國家的政府即使知道國內全是「黑金」也沒有用，畢竟石油必須賣出去才能賺到錢。比如現在的委內瑞拉，作為全球石油儲量最豐富的國家之一，但因為設備、投資不足，全國人民還依然在貧窮線上掙扎。

當時，中東地區的石油開採地、開採量、銷售對象，都由「七姐妹」主導。「七姐妹」會支付中東各國政府稅費和使用費，但它們的目標是在不惹麻煩的前提下，盡量少交稅費。當某個國家想要加稅，「七姐妹」就會說：「這個國家的稅率太高了，我們去鄰國採油，等你們把稅費降下來，我再回來。」當時，大部分中東國家只能妥協，因為「七姐妹」是唯一的客戶，不能得罪。中東各國政府甚至還展開了一場降低稅費的價格戰。經過幾輪談判後，稅費就變得非常低。

讀到這裡大家可能有些納悶，這些中東國家為什麼任由「七姐妹」欺負？為什麼不搶回石油開採權，自己生產、自己賣呢？主要原因有以下幾點：首先，部分產油國沒有獨立的政府，政權完全由歐美控制，因此根本無法推動石油產業國有化；其次，部分已經獨立國家的生存仰賴出口貿易，如果把石油國有化，可能會被歐美政府制裁，限制出口和貿易；第三，大部分中東國家的石油開採技術基礎薄弱，一直賺不到錢，也就一直沒有資金研發更有效率的開採、儲存和運輸石油技術。最後，「七姐妹」控制

下的歐美市場是這些國家唯一的客戶，一旦得罪了歐美，即使自己能開採石油也賣不出去。

　　簡而言之，「七姐妹」死死地拿捏著中東這幫「窮小子」，而這些公司背後都有西方政府在撐腰。比如：英波石油公司擁有英國政府的支持，控制著伊朗的石油開採。至於美國，為了確保石油供應，在二戰結束後的1945年，前總統羅斯福（Franklin Delano Roosevelt）和沙國國王達成了非常重要的口頭協議：沙國將優先開放石油開採權給美國商人，作為交換，美國會提供沙國軍事保護以及大量黃金。此後，美國就正大光明地在沙國建立了一個「國中國」，自己開採自己賣，並定期提供武器並繳費給沙國國王。直到現在，沙國依然是美國這個全球最大軍火製造國的最大買家。

· 經濟學小知識 ·

石油「七姐妹」名稱由來

　　「七姐妹」聯盟不只讓中東國家相當不滿，其他未被邀請加入的國家也很不爽。義大利當時的國有石油公司埃尼集團（ENI）一直想申請加入「七姐妹」分享石油市場，卻被無情地拒絕。

　　當時埃尼集團的董事長，也是義大利後來的能源部長恩理科·馬太伊（Enrico Mattei）就很酸溜溜地說：「七姐妹欺負人。」而「七姐妹」的稱呼正由此而來。

中東的反抗成功？還是失敗？

　　歐美國家長期霸占中東石油資源，直接影響了當地民眾的生活。漸漸地，伊朗人民開始感到不滿。

　　在二戰之前，伊朗的石油開採權一直由「七姐妹」中的英波石油公司（1935年改名為「英伊石油公司」）控制。1939年二戰爆發後，石油需求量暴漲，美國和蘇聯也想來伊朗分享這塊大餅。但是大家各執己見，一直沒有達成一致的利益分配。

　　鷸蚌相爭之時，伊朗國會議員莫沙德（Mohammad Mosaddegh）看到了機會，準備搶回伊朗的石油控制權。1950年，他趁著大國之間僵持不下時，在議會提出審查英伊石油公司的使用費，並且希望英伊石油公司主動減少石油開採量。當時的伊朗總理拉茲馬拉（Haj Ali Razmara）反對此提議，英伊石油公司也一直不配合審查。1951年3月7日，拉茲馬拉遇刺身亡。8天之後，伊朗議會緊鑼密鼓地發起了針對石油國有化的投票表決，投票通過。3月17日，伊朗向全世界宣布該國石油開採國有化。同年4月，莫沙德當選為伊朗總理。

　　然而，伊朗拿回石油開採權只是第一步，真正的難題還在後面。果不其然，英國派出軍艦封鎖伊朗港口，不讓任何一艘船運出一桶石油！1950年，伊朗全年的石油產量有2.4億桶，到了1952年只剩1,000萬桶。原因不是伊朗沒有生產能力，而是因為賣不出去，再生產就沒地方儲存了。石油國有化後的第一年，伊朗僅向一家義大利公司賣出300萬桶石油。

　　1953年8月，美國中央情報局策劃了一場政變，推翻莫沙德政府，自此，中東的兩個核心國家──沙國和伊朗──成為美國在此區域的支柱。美國一方面提供他們大量的武器來控制國內局勢、制衡北方的蘇聯，另一方面則獲得了穩定的石油供給。

而伊朗失敗的石油國有化經歷，也導致中東其他國家在很長一段時間內都不敢再輕易嘗試搶回石油開採權。

過渡階段：競爭加劇

美國管理伊朗石油的方式跟英國不同，沒有採取「我吃肉你喝湯」的壓榨方式，而是和包括沙國、科威特的許多中東國家簽訂五五分成的協定：美國商人在中東土地上賺到的錢，大家一人一半。這項協定受到許多中東國家的歡迎，畢竟富豪在窮小子家挖到金子，還和窮小子五五分成，那窮小子有什麼不樂意的？

但局勢很快又發生變化。二戰之後，各國商人都意識到石油的重要性，於是先後出現了300多家大大小小的石油公司，包括各國的國有企業，都加入全球石油市場。圖9-2為世界大型油田

圖 9-2 世界大型油田開採量

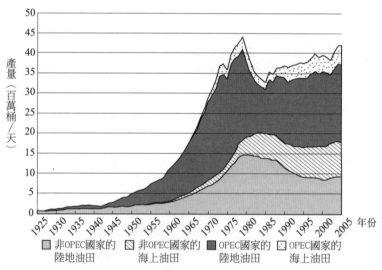

資料來源：The Evolution of Giant Oil Field Production Behavior

開採量的變化趨勢，我們可以看到1950～1970年這段期間，石油開採量幾乎呈現「指數增長」。「七姐妹」對油價的掌控逐漸減弱，供給面的激烈競爭導致油價開始下滑。

隨著石油公司變多、油價下跌，石油的競爭市場也悄悄地發生了變化。稀缺的資源不再是銷售管道和開採、提煉技術，而是石油本身。這也就意味著，在1950～1970年這20年間，稀缺資源從「七姐妹」手裡慢慢轉移到坐擁石油的中東國家政府手中，OPEC時代拉開序幕。

▌OPEC時代（1970～1990年）

OPEC成立，「窮小子」結盟取暖

產油國意識到自己強大的潛力後，開始反抗。1959年，首屆阿拉伯石油大會在埃及召開。會議上，沙國和委內瑞拉[3]達成了《馬蒂協定》（*Maadi Pact*），呼籲各產油國成立「石油諮詢委員會」，負責審核跨國石油公司的價格變化。

1960年9月，伊朗、伊拉克、科威特、沙國和委內瑞拉的政府代表聚集在巴格達（伊拉克首都），討論如何聯手提高油價，擺脫歐美石油公司的控制。這五國是目前全球石油已知儲量最多的6個國家之一，占全球已知儲量的近60%。以科威特為例，該國人口僅約400萬人，卻擁有全球6.1%的石油儲量。

儘管美國強烈反對，沙國還是頂住了壓力，跟與會成員一起成立「石油輸出國組織」（Organization of the Petroleum Exporting Coun-

---

3　注：委內瑞拉位在南美洲北部，不在中東地區。全稱委內瑞拉玻利瓦共和國。

tries，簡稱OPEC），希望透過協調各成員國的石油產量，來調控全球市場上的石油總供給，從而影響石油交易的價格。

1961～1975年，OPEC成員國從最初的5國，擴張到13國。成員國的石油產量占當時世界石油產量的一半以上。

為了對抗舊的卡特爾，一個新的卡特爾形成了。

不過，當時許多產油國的石油生產還沒有國有化，依然由歐美公司掌控，所以在這段時間裡，OPEC在市場上的話語權雖然大幅提高，但依然有限。

第一次石油危機：「窮小子」翻臉變「地主」

時間來到1970年代，隨著世界經濟高速發展，尤其是汽車、火車的迅速普及，石油需求量開始飆升。美國和蘇聯即使全力以赴，產油量也遠遠無法滿足本國經濟發展的需求，美國1/3的石油都需要從中東進口。

此時美國因為越戰等問題，通膨率超過了5%。同樣地，英國的通膨率也達到9.4%。

英美的經濟實力被削弱，而中東石油的重要性又在日益增強，兩邊形成了鮮明的反差，「窮小子」不知不覺中慢慢變成新的「地主」，只差臨門一腳了。

1973年10月6日，第四次以阿戰爭（Yom Kippur War，又稱「贖罪日戰爭」）爆發，以色列和埃及、敘利亞開戰。美國向以色列提供軍事武器和技術，這激怒了對立陣營的沙國、伊朗、伊拉克等國家。於是，OPEC中的阿拉伯國家決定聯合起來對西方實施石油禁運，藉此反擊歐美國家對以色列的支持。而當時歐美正處於極度依賴石油的高速通貨膨脹期，油價直接漲到4倍，在兩個月內從每桶15美元漲到了每桶60美元（均為經過通貨膨脹調整後的價

圖 9-3 國際石油價格走勢（經通貨膨脹調整後的價格）

（美元/桶）

資料來源：Bloomberg

格）（圖9-3）。

第一次石油危機爆發。

在這段期間，伊拉克、科威特、委內瑞拉和沙國都憑藉OPEC日益增強的話語權，陸續將本國石油國有化。伊朗則在1979年爆發了革命，推翻了之前歐美國家扶植的政府和國王，建立了伊朗伊斯蘭共和國。

10年動盪，「七姐妹」控制中東石油的時代，就此結束。

兩伊戰爭導致的第二次石油危機

前文說過，美國曾經賣給伊朗大量的武器，但當伊朗開始與美國站在不同陣營時，這些原本用來制衡蘇聯的軍火便成為美國

時勢
MEGATRENDS　**219**

心中的「定時炸彈」。在各方勢力的運作下，兩伊戰爭爆發。

1980～1988年，伊朗和伊拉克兩個產油國的戰爭再次導致石油供給量減少。伊朗的石油產量從戰前的每天600萬桶，驟降到每天150萬桶。石油價格在1980年再次翻倍，從每桶不到70美元飆升到每桶140美元。第二次石油危機爆發。

短短十年間，兩次石油危機對全球經濟造成了巨大的影響。

石油價格上漲帶動商品成本上漲，導致了全球性的通貨膨脹。美國的通膨率一度飆升到13.5%，英國和日本甚至超過20%，衝到二戰之後的最高點。為了解決石油短缺的問題，英國和美國甚至採取極端的措施來限制石油使用量，例如高速公路車輛限速等。加油站前經常排著長隊，航空公司削減航班，很多工廠被迫關閉。

圖 9-4 部分中東國家 GDP

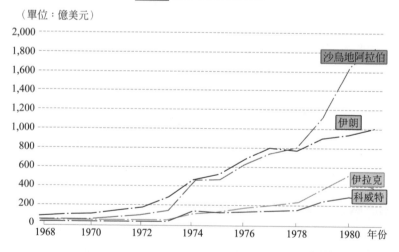

資料來源：世界銀行

除了一些沒有打仗的產油國（如沙國）（圖9-4），全球經濟在1974年～1980年間，基本上都在衰退。

西方各國降低依賴OPEC

兩次石油危機讓西方各國開始採取措施，逐步減少對OPEC的依賴。比如：不再依賴石油發電，轉而採用天然氣、核能等能源發電，甚至重新開始投資燃煤發電產業。各國政府投入了數十億美元研究石油的替代能源。

圖9-5是全球石油消耗量。儘管經濟、科技都在高速發展，但1980年前後，全球對石油的需求呈下降趨勢。

同時，各國開始大力開發新的油田，歐洲北海、美國阿拉斯加、墨西哥、加拿大等地都發現了大量的新油田。非OPEC成員

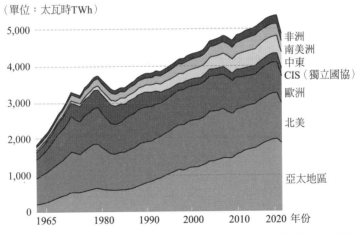

圖 9-5 全球石油消耗量

（單位：太瓦時TWh）

非洲
南美洲
中東
CIS（獨立國協）
歐洲
北美
亞太地區

資料來源：*Statistical Review of World Energy - BP (2021)*

國在這一時期的石油產量持續上漲。

各國減少石油需求，再加上其他地區開始增加供給，使得油價很快開始回落，1982年已經跌到每桶80美元。

沙國大復仇：大量增產廉價石油

眼看油價下跌，沙國立刻召集OPEC成員國開會，要求各國減少生產、提高油價。但這次沒有獲得其他成員國的支持，大家並不視80美元為低價，選擇繼續生產。只有沙國自斷產量，1985年的石油產量只有1979年的1/3。減產不夠，油價繼續下滑，在1985年時跌到了每桶72美元。

沙國索性開始報復性地大量供應廉價石油。1986年石油價格腰斬，跌到每桶不到30美元！這樣一來，其他國家，尤其是生產成本高的國家就完全無法盈利了。

◆ 財政平衡油價

圖9-6中，英國的產油成本每桶高達44.3美元。委內瑞拉雖然石油儲量世界第一，但每桶成本也高達27.6美元。最右側三個國家則分別是伊拉克、沙國和伊朗，每桶成本只有10美元左右。

中東國家的產油成本非常低，一方面是因為石油純度高，另一方面是因為開採運輸等設備齊全。

但這並不表示每桶石油價格高於10美元，這些國家就能賺錢。因為對中東國家來說，石油出口占總出口的90%以上；而石油之外的產業則大都需要進口、需要花錢。國家若要想長久地維持下去，收入必須大於支出。因此，嚴重依賴石油出口的國家不僅要關切石油的開採成本，還要關切能夠達成國家收支平衡的石油價格，即財政損益平衡油價（Fiscal Breakeven Oil Price）。

圖9-7中，伊拉克的財政損益平衡油價為每桶62.5美元，沙國為每桶86.5美元，伊朗則高達每桶155.6美元。

　　現在回頭看，1986年沙國瘋狂增加產量，把油價降到每桶30美元，其實是「傷敵一千，自損八百」的策略。幸好這次降價暫

圖 9-6 2016 年不同國家的產油成本

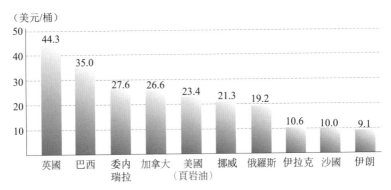

資料來源：華爾街日報

圖 9-7 2019 年各國財政損益平衡油價（下方數字為開採成本）

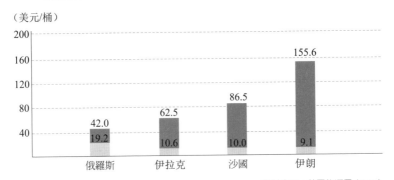

資料來源：美國能源署（DOE）

時震懾住其他原油輸出國，大家重新遵守OPEC協議，一起限制產量來提高石油價格。沙國也穩固了自己在OPEC的領導地位。

▌混亂時代（1990年至今）

石油與波斯灣戰爭

我們再回到伊拉克和伊朗。8年的兩伊戰爭讓兩個國家勞民傷財，伊朗無法再獲得西方國家的經濟支持，GDP一落千丈。而伊拉克也欠下了超過400億美元的外債，但因為在戰爭中獲得美國的武力支援，軍力大幅提升，擁有當時號稱「全球第四」的軍事實力。

伊拉克南邊有一個小國科威特，國土面積雖然小，但富得流「油」，而且正是伊拉克的債主之一，債務金額高達150億美元！1990年8月2日，伊拉克突然武裝侵占了科威特，不僅欠錢不還，還計畫併吞債主國。之後，美國和伊拉克多次談判未果，5個月後，1991年1月17日，多國聯軍發起「沙漠風暴行動」（Operation Desert Storm），以壓倒性的優勢把伊拉克軍隊從科威特趕了出去，伊拉克海珊（Saddam Hussein）政權在撤軍的時候還不忘點燃科威特超過600個油井，這場大火直到兩個月後才逐漸被撲滅。

這就是波斯灣戰爭。

之後，聯合國恢復了科威特的主權，並對伊拉克實施嚴厲的經濟制裁，伊拉克經濟從此一蹶不振。

波斯灣戰爭讓兩次石油危機後1987～2000年以來一直低迷的油價，短暫上漲。在此之前，OPEC多次嘗試減產，效果都十分有限。

中國對油價的影響

但2000年之後，國際油價突然開始一路飆升。2008年竟然漲到每桶147美元，堪稱歷史最高油價。這是為什麼呢？

油價短期上漲的原因有許多，比如波斯灣戰爭爆發、OPEC聯合減產等。但真正促使油價在10年間持續上漲、讓石油輸出國大賺一筆的根本原因，其實是中國增加石油需求量！

2001年12月，中國加入世界貿易組織（WTO），GDP開始一路飆升。

而隨著中國GDP一起飆升的，還有對石油的需求量。

圖9-8是不同經濟體的石油消耗量對比圖。

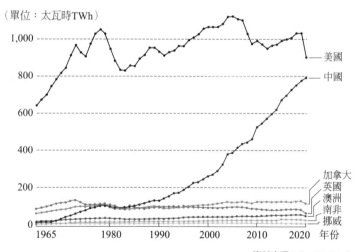

圖9-8 不同經濟體的石油消耗量對比

資料來源：Our World in Data

水力壓裂法橫空出世

2008年次貸危機爆發，全球性經濟危機帶來的衰退風險導致油價從每桶140美元暴跌至每桶32美元。OPEC再次透過減產來控制油價，這已是常規操作。而後，隨著全球性經濟衰退的可能性逐漸消散，油價很快反彈到每桶80美元左右。

此時，一股新的力量徹底攪亂了全球石油市場格局：美國發明出「水力壓裂法」（Fracking）石油開採技術。

在此之前，開採石油的方式是利用鑽油井鑽到地底，找到集中的石油區，然後像吸管一樣將石油垂直吸出。但這種石油密集的區域非常稀少，更多的石油都分散附著在地殼堅硬的頁岩層裡。而水力壓裂技術則是在鑽到地下頁岩層後，水平橫向延伸幾百甚至上千公尺，然後高壓注入特殊的液體，擠壓並提取出岩石中分散的石油和天然氣。

水力壓裂法的開採成本雖然不如中東國家可以低至每桶10美元，大約為每桶30多美元，但相對來說也不算高。更關鍵的是，這種技術可以提取原先無法開採的頁岩油，而頁岩油的儲量遠大於傳統的原油儲量。比如美國目前發現的一般石油儲量是438億桶，但是頁岩油據估算超過2兆桶，約是普通石油儲量的50倍。憑藉著水力壓裂技術，美國的石油供給從2008年的每天500萬桶飆升到2013年的每天1,300萬桶，美國瞬間從石油輸入國變成了石油輸出國，產油量迅速上升（圖9-9）。

美國的技術革新打破了原來石油市場的平衡，引發沙國不滿，於是沙國帶領OPEC再次試圖透過增產來打壓油價，這次還拉著俄羅斯一起加入。然而，OPEC中的一些小國已經感到相當吃力，因為太低的油價讓他們無法獲利。但沙國並不理會，為了搶奪市場占有率、擠掉美國運用水力壓裂技術的公司，沙國依然

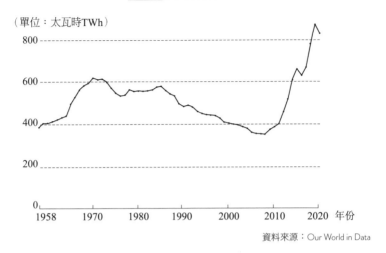

圖 9-9 美國石油產量

（單位：太瓦時TWh）

800

600

400

200

0

1958　1970　1980　1990　2000　2010　2020　年份

資料來源：Our World in Data

卯足全力生產石油，畢竟中東國家生產石油的成本比水力壓裂技術生產的石油低得多。這導致油價在2015年降到了每桶50美元，全球石油產能嚴重過剩。

　　但美國的石油公司並沒有停下腳步，而是繼續增產，2017年，美國的產量甚至超過沙國和俄羅斯，成為全球第一大石油生產國（圖9-10）。

　　而2021年各國石油總產量約為每日1億桶。其中，美國占比第一，約為20%；沙國和俄羅斯各約占11%（圖9-11）。

　　OPEC整體的產量大概占全球的44%，石油儲量占全球的82%。

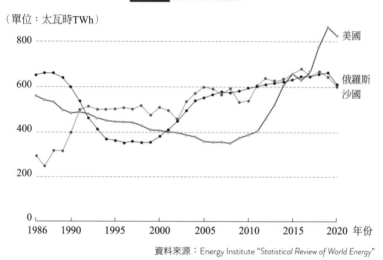

圖 9-10 各國石油產量

（單位：太瓦時TWh）

資料來源：Energy Institute "*Statistical Review of World Energy*"

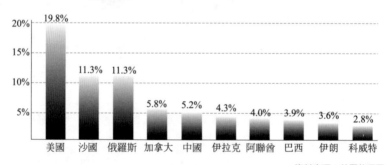

圖 9-11 2021 年各國石油產量占全球比率

資料來源：美國能源署

全球暖化：石油時代即將結束？

攪亂石油市場格局的，除了水力壓裂技術，還有另一股更大的力量。從20世紀初開始，人們已經意識到過度消耗石油對環境不利，石油燃燒會排放大量二氧化碳，導致全球氣候暖化。但直到2010年，人們才開始嚴肅討論這個問題。

過去的200年中，全球氣溫升高超過攝氏1度，並可能在2030年升高攝氏1.5度。

大部分國家都意識到全球暖化的嚴重後果，開始採取積極的措施以減緩全球暖化的速度。

2015年12月，超過150個國家和地區簽署了《巴黎協定》（*Paris Agreement*），共同努力將全球氣溫上升幅度控制在1.5攝氏度之內，並同時加快從化石能源轉型到再生能源的速度。

圖9-12是全球每1,000美元GDP背後所消耗的石油使用量，這項指標可以用來衡量經濟發展對石油的依賴程度。我們可以看到，從1973年第一次石油危機爆發後，這個數值就開始下降。

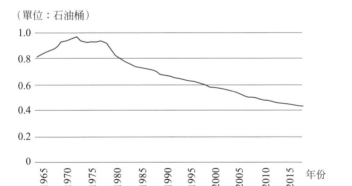

圖 9-12 每 1,000 美元 GDP 的石油消耗量

資料來源：世界銀行

沙國前石油部長葉曼尼（Ahmed Zaki Yamani）說過一句非常有哲理的話：「石器時代的結束，不是因為石頭不夠；而石油時代也將在石油未用盡時結束。」（The stone age did not end because the world ran out of stones, and the oil age will not end because we run out of oil.）

OPEC+ 時代

最近10年，中東國家面臨著越來越難以掌控國際油價的窘境。一方面是美國的產油實力越來越強，對石油市場分額虎視眈眈；另一方面是各個國家都在努力減少其經濟發展對石油的依賴。

沙國只好求助其他非OPEC成員國，比如俄羅斯。2016年11月，OPEC再次召開會議，達成了減產協定。但這次會議與先前不同，具有特殊的歷史意義：因為參與本次會議的不只是OPEC成員國，還包括俄羅斯在內11個非OPEC成員國，也宣布共同減產。這個新的團體被人們稱為「OPEC+」。

一個新的「卡特爾」就此誕生。但即使達成減產協定，這次油價也並沒有如大家期望的大幅上漲。

2020年，新冠疫情爆發，轉眼間全球汽車、工廠、飛機製造企業不是倒閉，就是停工。石油需求量大幅萎縮。沙國趕緊與俄羅斯商量減產控制油價，而且還釋放出極大的誠意，先自行大量減產。但俄羅斯卻沒有減產，反而在偷偷增產並且降價。1986年的歷史再次上演，沙國在憤怒之下乾脆大量增產，與俄羅斯展開石油價格戰，油價一度跌到每桶20美元。很快地，俄羅斯受不了降價的衝擊，結束了短暫的價格戰，OPEC+再次達成協議共同減產。

2022年，歐美國家因俄烏衝突對俄羅斯發起制裁，限制其化

石能源出口，這使得油價再次飆升到每桶120多美元。歐美又處於通貨膨脹的邊緣，1970年代的石油危機似乎即將重演。

果然，歐美通膨率飆升，美國和歐洲國家央行立刻宣布升息。2022年1月，國際貨幣基金組織預測全球經濟成長率可達4.4%，卻在歐美發生通膨後立刻調降到2.9%，如此大幅度的調整，彷彿兒戲一般。

美國也因通貨膨脹開始著急，由於已經對俄羅斯實施制裁，因此只能求助於沙國，希望OPEC可以增產。但沙國不願一直被西方國家牽著鼻子走，之前OPEC在油價太低時提出減產，歐美國家都不理不睬，如今即將發生石油危機，才來要求OPEC增產。而且根據過去的經驗，這次的石油短缺很可能只是暫時的，OPEC沒有必要盲目增產。再者，他們也不願輕易惹惱好不容易才拉來的新盟友俄羅斯，因此沙國遲遲不答應增產，美國也只好繼續勸說。

隨著油價暴漲和美股暴跌，沙國國家石油公司（Saudi Aramco，又稱沙烏地阿美）一度超越蘋果公司，成為全世界市值最高的上市公司。

OPEC+還是卡特爾嗎？

從「七姐妹」到OPEC再到OPEC+，石油市場的競爭越來越激烈，也越來越開放，卡特爾的壟斷力道越來越弱。

當年的「七姐妹」可以透過提前商量股份，嚴格限定每個成員的責任和利益，但後來的OPEC和OPEC+，各成員國之間在生產、經營和財務上都是獨立的，很難有效監督。一旦有人不遵守約定，沙國也只能大量增產打價格戰、用兩敗俱傷的方式警告對方。因此，OPEC+至今已經無法對石油價格產生重大影響。

許多經濟學家都不認為如今的OPEC+是卡特爾，或者說，它已經是無效的卡特爾。

結語

雖然全球已經步入能源轉型期，但當代經濟對石油的依賴度依然很高。許多機構預測石油消耗量將在2035～2040年才會達到高峰，然後開始下降。

因此，在可預見的未來中，石油依舊會是世界經濟的焦點，中東也依然扮演舉足輕重的角色。

延續了百年的「石油之戰」，距離結束仍然遙遠。

第十章

俄羅斯

獨一無二的「寡頭經濟」

引言

　　提到政治、軍事，沒有人敢小覷俄羅斯，畢竟俄國擁有全世界最大的國土面積，和數量眾多的核子武器。但一提到經濟蓬勃發展的國家，俄羅斯就被排除在外。這個國家在短短半個世紀中，完整經歷了政治動盪、惡性通膨、寡頭壟斷、戰爭、政府違約、經濟危機、激進改革，其中每項事件單獨來看，都會對一國造成重創！

　　本章中，我們將以俄羅斯發展歷史中的重要事件為線索，為大家梳理錯綜複雜又獨一無二的俄羅斯經濟。

▌蘇聯時期的計劃經濟（1922～1991年）

想要了解俄羅斯經濟，就一定要談蘇聯時期的計劃經濟。接下來，讓我們來簡短回顧蘇聯的經濟發展史。

俄曆1917年2月（西元1917年3月），沙俄（俄羅斯沙皇國）爆發二月革命，沙皇被迫退位，資產階級建立了俄國臨時政府，與無產階級建立的蘇維埃政權並立；俄曆1917年10月（西元為1917年11月），列寧領導布爾什維克黨人發動武裝起義，進攻資產階級臨時政府的根據地，推翻了臨時政府，建立蘇維埃政權；又經過多年內戰，1922年蘇聯誕生；1924年，史達林成為蘇聯的最高領導人。為了迅速實現工業化，史達林逐步廢除列寧的「新經濟政策」（New Economic Policy, NEP），轉而推行「史達林模式」（Stalinism）——蘇聯開始全面實施計劃經濟。

從那時起，國家所有資源包括生產和消費等，都必須按照中央的指令進行分配。比如：如果某地區出現緊急情況需要援助，中央就會調派相應的物資；如果某地區計畫發展重工業、需要工人，中央也會調配人力過去。這種經濟模式不需要等待市場自行調節。

當整體經濟需要大規模改革且方向明確時，計劃經濟可以發揮極高的效率。而當時工業化、現代化嚴重不足的蘇聯，正好就處於這種情況。於是，史達林先後提出了三個「五年計畫」，效果卓越，蘇聯迅速從一個落後的農業國家變身為工業大國。圖10-1是蘇聯的人均GDP，從1920～1940年，蘇聯人均GDP增長了3倍多。同時期的美國等西方國家，卻在經歷嚴重的大蕭條。

如果我們僅從經濟發展的角度來評價史達林，他確實將蘇聯經濟提升到新的高度。同時，二戰之後蘇聯的國際地位也大幅提

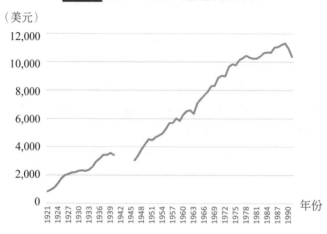

圖 10-1 1921～1991 年蘇聯人均 GDP

（美元）

＊編注：1941～1945 年無蘇聯數據。
來源：Maddison Project Data

升，經濟前景一片繁榮，高速增長的趨勢一直持續到1960年代。

　　然而，所有經濟政策都有一體兩面，隨著蘇聯的經濟情況逐漸穩定、產業結構越來越複雜，計劃經濟的弊端開始浮現。從1960年代起，蘇聯經濟因為缺乏市場機制而越來越混亂，畢竟一個泱泱大國，中央不可能面面俱到，把所有事情都計畫得井井有條。不僅如此，計劃經濟還產生了另一個問題：高度集權。領導者一個人說了算，自然會促使腐敗滋生，進而導致企業的創新動力嚴重不足，蘇聯經濟於是開始停滯不前。讀到這裡，大家是否聯想到印度的許可證制度呢？歷史總是驚人地相似。

　　1964～1985年間，蘇聯經濟陷入「停滯期」。圖10-2是蘇聯人均GDP和美國人均GDP的增長對比，蘇聯人均GDP雖然仍有成長，但放在全球技術和經濟蓬勃發展的大背景下，便能明顯看出蘇聯「停滯」了。不僅如此，此時的蘇聯還面臨著日漸嚴峻

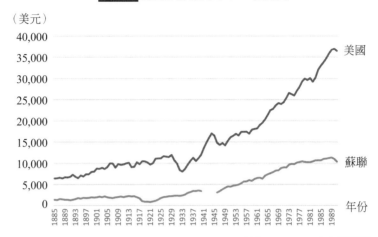

圖 10-2 美國和蘇聯人均 GDP 走勢圖

（美元）

美國

蘇聯

年份

＊編注：1941～1945 年無蘇聯數據。
來源：Maddison Project Data

的「冷戰」（1947～1991年），由圖10-3可以看到，蘇聯每年都需要投入巨額軍費。

蘇聯政府債臺高築，民生供應嚴重不足，許多民眾不得不每天花幾個小時排隊購買食物。

1985年，戈巴契夫（Mikhail Gorbachev）上臺。為了迅速改善國內的經濟狀況，他決定同時從兩方面下手，全面且激進地改革蘇聯經濟。第一項措施是「重建」（Perestroika），也就是推動政治和經濟的重組，釋放中央對商品定價和部分產業的絕對控制權。第二個措施是開放（Glasnost），即大力提升政府治理的透明度，打擊貪腐，並且放寬對民眾的言論限制[1]。

1　注：Perestroika 和 Glasnost 這兩個英文單字，是俄語音譯，在戈巴契夫上任後變成了專有名詞。

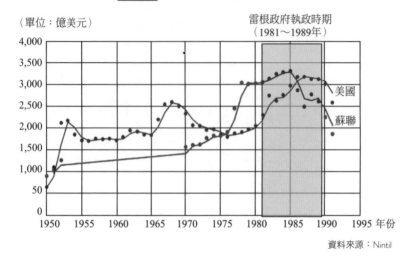

圖 10-3 美國和蘇聯軍費開支情況

（單位：億美元）

雷根政府執政時期
（1981～1989年）

美國

蘇聯

1950　1955　1960　1965　1970　1975　1980　1985　1990　1995 年份

資料來源：Nintil

　　總而言之，戈巴契夫本意是希望透過這兩方面的改革，來降低蘇聯的高度中央集權，進而重新啟動蘇聯經濟，但令人意想不到的是，蘇聯卻因此徹底告別了中央集權時代——1991年12月，蘇聯正式解體[2]。

經濟轉型時期（1991 ～ 1998 年）

「休克療法」能治好經濟嗎？

　　我們先來看看1991年各國的GDP。根據世界銀行的數據，

2　注：1991 年 12 月 26 日，蘇聯最高蘇維埃民族院（Soviet of Nationalities，類似西方的參議院）最後一次召開會議，宣布蘇聯正式解體，俄羅斯成為蘇聯唯一合法的繼承國家。

美國GDP為6.2兆美元,俄羅斯約為5,200億美元,中國則約3,800億美元。換言之,俄羅斯當時的GDP僅約美國的1/12,這個曾經在二戰中擊退德國、蘇聯時期能與美國分庭抗禮的國家,經濟實力跟改革開放初期的中國比起來並沒有高多少。

俄羅斯第一任總統葉爾欽(Boris Yeltsin)的性格比較激進,有人認為他和美國前總統川普非常相像,說話橫衝直撞,而且敢說敢做。

當時,葉爾欽熱切地希望俄羅斯經濟能夠盡快復甦,他的經濟理念很接近西方,支持新自由主義(Neoliberalism)——也就是追求市場自由化,並主張政府減少干預。

「新自由主義」經濟政策最早是在蘇聯解體前兩年,即1989年由世界貨幣基金組織、世界銀行和美國財政部聯手推出,當時主要是用於指導部分拉丁美洲國家進行經濟改革。這套政策也稱為「華盛頓共識」,因為研討會的地點就位在華盛頓。簡而言之,「新自由主義」就是要求政府盡量降低監管,不論是利率、貨幣、貿易或土地,而且一切資源必須交由市場決定,不能由國有企業壟斷。

這套政策原本是針對拉美國家設計的,但葉爾欽非常喜歡。他認為美國經濟的蓬勃發展,與「新自由主義」的理念有關;而如今俄羅斯的經濟缺乏活力,就是因為蘇聯時期遺留的計劃經濟思想還深植在俄羅斯的骨髓中。因此,葉爾欽下定決心要大力推動市場自由化。

他非常清楚從計劃經濟轉型到市場經濟,是非常大幅度的轉變,基本上可說是從一個極端走向另一個極端,即使循序漸進地改革,中間也可能會出現各種問題導致改革失敗,讓經濟變得更差。因此,葉爾欽決定放棄過渡方案,也不考慮用比較平緩的速

度進行改革，而是直接放鬆價格管制、開放進出口、實施利率市場化、將國有企業私人化等等，直接讓市場那雙「看不見的手」指導經濟。

這套做法被人們稱為「休克療法」（shock therapy）。就像武俠片裡身受重傷的大俠，為了讓身體盡快恢復，乾脆直接打斷全身經絡，再等待它重新生長。

大家不要小瞧這套聽起來有點激進的改革措施，它在歷史上曾有成功的案例。1985年，南美洲的玻利維亞發生了高速通膨，當時新上任的總統便採用休克療法，搭配財政、貨幣「雙緊縮」政策，最終成功抑制了通膨。1989年，波蘭從計劃經濟轉向市場經濟的過程中，也採取了類似的休克療法，儘管經歷了短暫的經濟衰退和下滑，但很快就步上正軌，也是一個成功的案例。

然而，俄羅斯是全球國土面積最大的國家，其國內問題遠比中小型國家複雜，休克療法真的能治好俄羅斯的經濟嗎？

休克療法的最大惡果：寡頭壟斷

由於俄羅斯政府突然放開價格管制，再加上為了償還蘇聯的舊債務又借了很多新債，導致俄羅斯陷入了惡性通貨膨脹的泥淖。1992年，俄羅斯的通膨率高達2,500%，一杯牛奶年初可能只要10盧布，年底就需要250盧布了。而在接下來的7年裡，俄羅斯的失業率也從不到5%飆升至14%，GDP則幾乎腰斬。與此同時，美國和中國的經濟都在飛速發展，到了1998年，俄羅斯的GDP大約只占美國的1/15。

但這些都不是休克療法最嚴重的後果。

實際上，不論是惡性通膨，還是失業率上升，都在葉爾欽和經濟學家的預料之中，這是俄羅斯轉型到市場經濟必須經歷的陣

痛。只要挺過這個階段，俄羅斯就能用最短的時間搖身一變，成為經濟充滿活力的國家，短暫黑暗之後的未來應該是一片光明。

然而，結果不如人意，這次的休克療法讓俄羅斯經濟徹底陷入「休克」。其中，「國有企業私人化」這一政策產生的不良後果，至今仍影響著俄羅斯。

原先，俄羅斯政府開放民眾入股國有企業，表面上看起來公平自由，但在實際上並非如此。因為大多數的底層民眾根本沒錢入股，無法享受企業發展帶來的紅利；只有極少數過往的權貴階級，可以靠著自身的勢力和財富，用極低的價格趁機占據各大國企，繼續累積自己手中的財富。

1996年，葉爾欽希望連任總統，參與競選。然而，由於第一次車臣戰爭帶來的重大損失和國內經濟混亂，他的支持率極低。民意調查顯示他在候選人中排名第四或第五，幾乎無法連任。

為了確保成功連任，他在1996年初悄悄召集了七位掌控俄羅斯銀行業的領袖，達成一項祕密協議。協議內容是如果這幾位銀行家能保證他連任成功，他將在任期內，提供這幾位銀行家相應的優惠政策。

幾個月後，葉爾欽居然成功逆轉局勢，連任總統。而當時他祕密召集的七位成員，也成為掌控俄羅斯半邊天的「七大銀行寡頭」（Semibankirschina）。他們表面上是銀行家，但實際上控制了俄羅斯的銀行、礦產、天然氣、媒體、石油等核心產業。俄羅斯的經濟命脈幾乎全部握在這些寡頭集團手中，就連總統葉爾欽想做什麼都需要看他們的臉色，這麼說一點都不誇張。

之後，寡頭的成員不停變換，後來甚至不只7人，還出現了第8位、第9位寡頭。而寡頭壟斷經濟、操控政治的情況，至今仍籠罩著俄羅斯，它帶來的嚴重後果，主要有以下三點。

◆ 弊端1：遏制競爭、抑制創新

在健康且自由的市場經濟中，企業為了爭取更大的市占率、獲得更高的利潤，自然而然會努力創新，發明新產品、提高產品品質或降低生產成本；然而，在寡頭林立的市場裡，其他企業幾乎沒有競爭的機會，還沒站穩就被各巨頭狠狠壓制。寡頭集團的首要目標也不是創新和發展，而是保持其壟斷優勢，避免競爭者取代自己的地位。

◆ 弊端2：腐敗嚴重、黑幫盛行

政商糾葛帶來了嚴重的腐敗，各大寡頭因為早已買通政府，因此在發展時根本不守規矩，甚至乾脆用不光明的手段（比如：謀殺、賄賂、威逼利誘）進行擴張並打壓對手，畢竟這樣做的「效率」明顯更高。俄羅斯警察對這些行為也都睜一隻眼、閉一隻眼。俄語中有個專有名詞「krysha」（俄語中的「屋頂」，即保護傘之意），就是指俄羅斯小商人為了「有人罩」而交的保護費。當時，俄羅斯人交保護費就像交稅一樣司空見慣，做任何小買賣都逃不過交「krysha」的命運。

俄羅斯甚至出現了兩大寡頭因為保護費而鬧上法庭的情況：前英格蘭足球超級聯賽（Premier League）切爾西足球俱樂部（Chelsea FC）老闆阿布拉莫維奇（Roman Abramovich），和七大寡頭之一的貝瑞佐夫斯基（Boris Berezovsky）公開打過官司，前者狀告後者收了自己20億美元的保護費，卻沒有幫自己打通能源產業。在我們眼中，這樣公開打官司實在令人匪夷所思，但在俄羅斯，卻是司空見慣的。

總之，這些後果已經完全和俄羅斯當初從計劃經濟轉向市場經濟的目的背道而馳了。

◆ 弊端 3：貧富差距擴大

最後，也是最嚴重的一個問題：貧富差距加大。

據統計，當時俄羅斯最富有的98個人合計持有4,210億美元的財富，比整個俄羅斯國民總存款數還多；而俄羅斯最富有的10%的人，則擁有俄羅斯89%的財富，這還只是官方公布的資料，實際情況只會比這更誇張。

經濟學家一般使用吉尼係數（Gini coefficient）來衡量一國的貧富差距。吉尼係數的範圍為0～1，0的意思是這個國家所有人的財富完全均等，1則是指所有財富都集中在一個人手上。也就是說，數字越低，一個國家的貧富差距越小。那麼照理說，俄羅斯的吉尼係數應該會達到0.7～0.8？然而實際上，根據世界銀行的統計，1999年，英國的吉尼係數為0.368，美國為0.40，而俄羅斯則是0.374。

這並不表示吉尼係數是不可信的，主要問題是統計有誤差。首先，吉尼係數排除了所有的灰色交易，而俄羅斯富豪之間的交易很高比例都是「在桌子底下」進行的。其次，吉尼係數統計的是國內財富，但俄羅斯富豪已經將許多資產都轉移到海外。1990年代初期，俄羅斯出現高通膨和極不穩定的政治環境時，有錢人馬上就把大量資產轉移到海外，甚至乾脆在海外進行交易。據估計，2015年俄羅斯富豪的海外私人資產達到8,000億美元，相當於俄羅斯GDP的2/3。

紐約曼哈頓中央公園周邊最昂貴的地段中，就有許多房產屬於俄羅斯富豪（曼哈頓房地產交易本身是公開的，雖然富豪們會透過建立環環相扣的有限責任公司來隱藏實際購買人，但媒體還是找出了不少背後買家）。比如我們前文提到的阿布拉莫維奇，就在紐約中央公園擁有總價超過1億美元的多處房產。

我們可以從這裡看出，俄羅斯的資產外流情況極其嚴重。而根據瑞士信貸銀行（Credit Suisse）的報告，一旦計入這些境外資產，俄羅斯可能是世界主要經濟體中貧富差距最大的國家之一。

貧富差距加大也意味著社會動盪加劇，1990～2000年這10年之間，俄羅斯的死亡率也從11.2‰升至15.3‰。

缺乏創新、生產力萎縮、政府腐敗、黑幫盛行、貧富差距擴大……這些問題相互作用之下，導致俄羅斯的經濟越來越差。火上澆油的是，1997年亞洲金融危機爆發，俄羅斯也受到衝擊。再加上俄羅斯內部政治環境動盪，投資者紛紛逃離俄羅斯金融市場，大量拋售俄羅斯國債和盧布，國債殖利率飆升，盧布也面臨極大的貶值壓力。

1998年8月17日，俄羅斯政府終於撐不住，宣布國債違約，並放手讓盧布貶值。自此，俄羅斯金融危機爆發。

▌普丁時代（1999年至今）

經濟高速發展的黃金期

1999年12月31日，千禧年的前一天，晚節不保的葉爾欽在任期僅剩6個月時宣布辭職，將總統之位任命給普丁（Vladimir Putin）。自此，俄羅斯進入了「普丁時代」。

普丁一上任，俄羅斯的經濟竟突然開始重新運轉。在接下來的近10年間，俄羅斯GDP增速幾乎保持在5%以上（圖10-4），人均GDP也從1999年的不足2,000美元漲到2008年的10,000美元。失業率從13%回落至6%，工業生產成長75%，投資成長125%，平均工資成長8倍，消費者信用擴張了45倍，貧困人口占比從

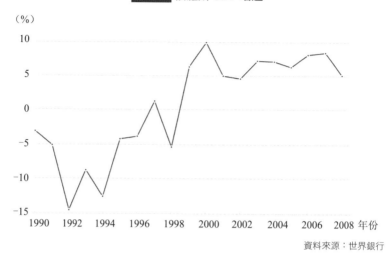

圖 10-4 俄羅斯 GDP 增速

（%）

資料來源：世界銀行

30%降到了14%。

　　大家不禁疑惑，普丁上臺後究竟做了什麼事，能讓俄羅斯經濟迅速衝進快車道，甚至都不需要經歷過渡期？

　　確實，普丁在上任初期為推動俄羅斯的市場自由化做了許多努力，包括：調整所得稅、降低企業稅、減少政府監管等，這些措施都大幅提高了俄羅斯普通民眾的生活水準。再加上1998年俄羅斯債券違約導致盧布大幅貶值，也讓俄羅斯的出口更具競爭力。

　　但我個人認為，這些都不是俄羅斯經濟高速發展的最主要原因。真正的原因藏在下圖──普丁相當走運。在圖10-5中，深色線是全球原油價格的走勢，淺色線是俄羅斯的GDP變化，不難發現，兩者的相關性極高。如果石油價格沒有上升，俄羅斯經濟即使有好轉，也肯定無法如此迅速地恢復生氣。

時勢
MEGATRENDS

245

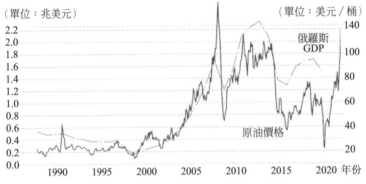

圖 10-5 國際原油價格走勢與俄羅斯 GDP 走勢對比

（單位：兆美元）　　　　　　　　　　　（單位：美元／桶）

資料來源：世界銀行，Bloomberg

　　那麼，另一個問題來了，為什麼俄羅斯的GDP和油價的相關性這麼高呢？這就不得不提到俄羅斯的能源優勢了。

　　俄羅斯的天然氣儲備全球第一，石油產量全球第三，每年化石能源出口規模達到上千億美元。2011 ～ 2014年，俄羅斯政府有超過一半的財政收入來自化石能源。

　　俄羅斯就像中東地區許多國家一樣，擁有得天獨厚的資源優勢，當油價越高，俄羅斯就賺得越多。蘇聯後期的經濟發展停滯，其實也跟當時國際油價低迷有關。1985年，國際油價在82天內驟降了66%，OPEC不但沒有減產，還全力開採石油，導致油價一直委靡不振。而2000 ～ 2008年則正值全球經濟飛速發展的黃金時期，石油需求大幅增加，油價也穩步上漲，從1998年每桶不到15美元漲到了2008年每桶超過100美元。

　　國家經濟大幅好轉，俄羅斯國民信心也因此增加，帶來信用擴張、投資增加，經濟就啟動了良性的循環。

有了如此巨大的天然優勢，再加上俄羅斯1.5億人口及蘇聯時期留下來的工業基礎，當時許多經濟學家都預測俄羅斯將會崛起成為超級經濟大國。

　　遺憾的是，俄羅斯沒有善用這段黃金時期，並未解決先前經濟發展帶來的各種問題——寡頭壟斷。

　　普丁上任之後，再次推動國有化政策，剷除舊時代的寡頭，並樹立了一批新的寡頭，由他們掌控俄羅斯各大「半國有化」巨頭企業。前文多次提到的阿布拉莫維奇就是後來崛起的新寡頭，靠著普丁才有實力買球隊、買豪宅、跟老寡頭打官司。

　　2015年，在普丁的鐵腕政策下，俄羅斯有一半以上的經濟活動都掌握在這些「聽政府的話」的寡頭手中，政府進一步鞏固了俄羅斯的寡頭體系。如今的寡頭和政府的聯繫更加緊密，這種情況通常稱作「裙帶資本主義」。我們在第一至四章聊到的日本財團、韓國財閥，也都帶有一些裙帶資本主義的色彩。

　　寡頭依然壟斷著俄羅斯的經濟，俄國的貧富差距自然也沒有改善，反而進一步加劇。

　　除此之外，俄羅斯也沒有在出口石油賺到錢之後，及時改善產業結構。GDP雖然快速增長，但整個國家變得更加依賴化石能源了。

烏俄衝突爆發，重創經濟

　　油價不會永遠上漲。2008年全球金融危機導致油價暴跌，金融市場崩潰，雙重打擊讓俄羅斯再一次陷入金融危機。俄羅斯的經濟隨著接下來幾年的油價起起落落，就像坐上了雲霄飛車。

　　2014年，油價再一次暴跌。更糟的是，那年俄羅斯因為克里米亞問題（俄羅斯於2014年進軍併吞原本歸屬於烏克蘭的克里米亞半島）

遭到西方國家聯合制裁，經濟再一次遭受重創。根據國際貨幣基金組織的統計，2014～2018年，西方制裁使俄羅斯GDP平均每年損失約0.2%。為了因應西方制裁，俄羅斯先後採取了進口替代、援助受制裁企業、去美元化等措施。

2022年2月24日，俄羅斯對烏克蘭發起「特別軍事行動」，俄烏衝突爆發。美國和歐洲再一次對俄羅斯實施非常嚴厲的經濟制裁，包括凍結俄羅斯海外資產、凍結俄羅斯央行大部分外匯儲備、把俄羅斯從SWIFT（國際資金清算系統）中剔除、限制俄羅斯商品進出口等等。其中，自然也包括了能源的制裁與反制裁。

一場近50年來最嚴重的能源危機，即將爆發。

▎2022年能源危機

「老顧客」變「仇敵」

前文提到，俄羅斯非常依賴化石能源出口，而最大的出口對象正是歐盟。德國有超過50%的天然氣從俄羅斯進口。歐盟整體對俄羅斯天然氣的依賴度也從2010年的26%上升到了2021年的45%，另外還有46%的煤炭、27%的石油進口都依賴俄羅斯。

蘇聯解體、俄羅斯和烏克蘭獨立之後，兩方雖然糾紛不斷，但歐盟還是選擇從俄羅斯進口能源，滿足近50%的能源需求。一方面是因為俄羅斯的天然氣乾淨又便宜，另一方面則是因為多年來兩方的天然氣運輸管道幾乎建立完成，運輸成本非常低，其中幾條還特別繞開了與俄羅斯經常發生矛盾的烏克蘭，以分散風險。除了經濟利益，歐洲人也明白俄羅斯非常需要歐盟這個大客戶，歐盟懷著甲方心態，並不太擔心俄羅斯會真的切斷能源供

應，雙方的博弈一直處於微妙的平衡之中。

直到俄烏衝突爆發，歐盟宣布對俄羅斯進行嚴厲的能源制裁，目標在2022年減少2/3對俄羅斯的天然氣需求，並在2027年完全擺脫對俄羅斯天然氣的依賴。

當然，制裁終歸只是手段而不是目的。歐盟必定不希望自己真的「無氣可用」，而是仗著自己是俄羅斯的大客戶，想藉此施壓俄羅斯，結果卻事與願違。

塞翁失馬，焉知非福？

反觀俄羅斯，在經歷了這麼多制裁後，經濟受到極大衝擊，比如：資本外流加劇，貿易環境嚴重惡化，部分依賴進口的國內產業面臨庫存枯竭問題等等。但如果只觀察能源領域，俄羅斯可說是「大賺一筆」。

首先，2021～2022年全球各地疫情開始好轉、各國或各地區的經濟相繼復甦，能源需求量陡增，推動國際油價上升，帶來全球性的通貨膨脹。美國總統甚至不遠萬里地親自跑去中東求沙國增產石油，全球能源短缺的程度可見一斑。

雖然歐盟和美國放狠話表示不會再購買俄羅斯的能源，但全球還有更多其他國家願意從俄羅斯購買能源。天然氣的運輸相對困難，但是俄羅斯還能出口石油！作為全球第二大石油出口國，俄羅斯的出口量僅次於沙國。而且由於遭到歐美制裁，俄羅斯化石能源的價格比當時的國際油價還低一點，這對其他國家而言，彷彿是被天上掉下來餡餅砸到一般。

中國、印度，甚至連自家石油都用不完的沙國，都開始購入俄羅斯的「廉價」石油。圖10-6是2022年中、印兩國從俄羅斯進口石油的變化，2月之後都大幅增加。尤其是印度，直接從0桶

漲到了每天近100萬桶。中、印進口量加總起來已經超過歐洲，成為俄羅斯最大的石油出口對象（圖10-7）。

　　儘管俄羅斯推出石油降價策略，但他們也並非虧本賣油。實際上，在當時高油價的整體環境下，俄羅斯即使降價，每桶石油

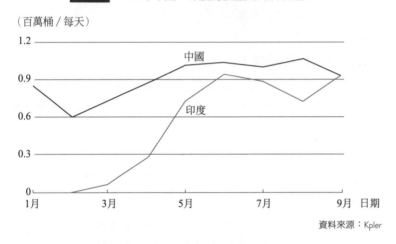

圖 10-6 2022 年中國、印度對俄羅斯的石油進口

（百萬桶／每天）

中國

印度

資料來源：Kpler

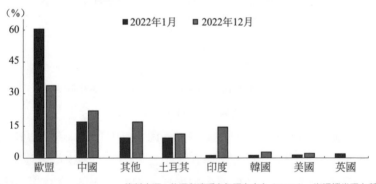

圖 10-7 俄羅斯化石能源出口收入來源占比

（%）

■2022年1月　■2022年12月

歐盟　中國　其他　土耳其　印度　韓國　美國　英國

資料來源：能源與清淨空氣研究中心（CREA）、海通證券研究所

仍高達 92.84 美元，比前後幾年的國際平均油價還高。

折騰了一年後，2022 年俄羅斯的油氣出口總額達到 11.4 兆盧布，比 2021 年增長了 28%。

歐盟擺脫了對俄羅斯的能源依賴？

在俄羅斯遭到制裁的同時，歐盟也陷入困境。首先，歐洲經歷了近 500 年來最熱的夏天，水力發電和核電廠都無法全力運轉，急需化石能源的支持。雖然當時仍屬能源制裁的緩衝期，原則上歐洲各國依然可以向俄羅斯購買天然氣，但最重要的供氣管線北溪一號卻出現問題，天然氣輸送量驟降。俄羅斯的天然氣公司表示，北溪一號需要檢修，導致對歐盟的天然氣供應完全中斷。歐盟當時尚能應付天然氣的暫時停止供應，但在 2022 年 9 月，北溪一號管線被蓄意破壞、發生爆炸。這場爆炸的幕後黑手至今尚不明確，唯一能夠確定的是，這條管線短時間內肯定修不好。

歐洲各國好不容易熬過了夏天，又要面臨冬季天然氣消耗量大幅增加的困境。大家只好想盡一切辦法提高能源儲備、降低能源消耗。比如：重新啟動原本要關閉的煤炭電廠，以彌補天然氣的不足；頒布法案限制企業的空調和廣告燈光使用等等。一般民眾也開始購買電暖器、電熱毯，積極為過冬做準備。

歐盟還強制要求所有成員國，在 2022 年 11 月中旬之前，必須將天然氣儲存槽儲滿至少 80% 以應對寒冬。這讓俄羅斯以外的各大天然氣出口國都大賺了一筆，比如美國、卡達、澳洲等國，都向歐洲地區運送了大量液化天然氣，而且售價不低。法國總統馬克宏（Emmanuel Macron）就公開指責美國總統拜登（Joe Biden）：你們國內的天然氣價格這麼低，但卻用天價賣給我們，這是赤裸

裸的雙重標準啊！美國則表示：我確實賺了不少錢，但經過這次歷練，你們終於也擺脫了對俄羅斯的依賴呀！

而以沙國為代表的OPEC+國家，當然也沒有錯過這個發揮話語權的機會，當年10月，OPEC+決定每天減產200萬桶石油，以維持石油的高價價位。

歐盟雖然已經盡力而為，但整體情況依然很不樂觀，此時，歐盟各國只能寄望2022年的冬天不要過於嚴寒。幸運的是，2022年的冬天真的是個暖冬。

結語

2023年，距離俄烏衝突爆發一年後，歐洲似乎已經度過了能源危機最糟糕的時刻，靠著溫和的冬天、需求面的「縮衣節食」、勉強負擔得起的液化天然氣，而逃過了一劫。從2023年初起，天然氣期貨價格開始下跌，歐洲各國從俄羅斯進口的天然氣總量也縮減至原先的14%。

然而俄烏衝突何時能夠結束，目前仍未可知。同樣充滿不確定性的，是依然極度依賴能源出口的俄羅斯經濟。

大國俄羅斯，未來究竟將何去何從？

第十一章

土耳其

特立獨行的土耳其總統與經濟

引言

　　不知不覺，我們已經分析了多個國家的經濟發展，有的國家在光輝時衰落，有的國家從泥濘中逆襲，但基本上，這些國家的經濟政策大多都符合經濟學的基本規律。

　　然而，世界上還真有一個國家不相信經濟學，更確切地說，是該國的某位總統總是和經濟學背道而馳，非要帶領這個擁有 8,500 萬人口、GDP 排世界前 20 的國家跟主流經濟學對著幹，把整個國家推向尷尬的處境。這個國家，就是特立獨行的土耳其。2022 年，土耳其的通膨率突然飆升到超過 80%，貨幣在一年內貶值了一半，可是 GDP 卻逆勢增長 5.6%，整個股市市值增長 3 倍。

▌土耳其的經濟發展背景

高速通膨期（20世紀末）

在談土耳其的經濟發展之前，我們首先要了解它的發展背景。

二戰之前，土耳其比較封閉，獨自慢慢地發展經濟。

二戰之後，北邊的歐洲國家開始抱團取暖，結盟後的經濟發展如火如荼，撓得土耳其內心癢癢的，也三番五次申請加入歐盟，同時向歐洲敞開了投資大門，允許西歐資本進入。但因為沒有適度控管，土耳其政府欠下了巨額外債。

為了還債，土耳其政府無奈選擇了下下策——不停印鈔票，再兌換成美元還債。然而屋漏偏逢連夜雨，1980年代的土耳其遭受了兩次石油危機衝擊，面臨居高不下的通膨，通膨率多次衝到120%以上。我們可以從圖11-1看出，土耳其那幾年的經濟非常動盪。

圖 **11-1** 1970〜90年代土耳其通貨膨脹率，一度超過120%

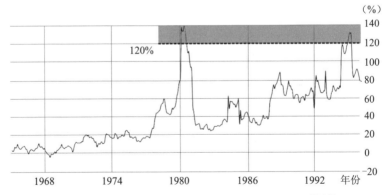

資料來源：土耳其統計局（TurkStat）

土耳其經濟的兩大核心問題：外債和通膨，也從那時候開始顯現。這兩大核心問題對土耳其產生了哪些具體的影響呢？我們接下來慢慢深入。

央行獨立、經濟改革大成功（21世紀初）

土耳其政府慢慢意識到，再這樣下去，自己和歐洲各國的差距會越來越大，是時候進行全面改革、解決通膨問題了！

於是從1999年開始，土耳其非常堅決地進行了一系列改革，其中最主要的措施就是使央行完全獨立於政府之外。

這在當代經濟體系中非常重要。因為央行掌握了很大的權力，既可以印錢，又可以控制利率；如果它完全由政府控制，就很可能變成政府部門的印鈔機。即使政府聲稱自己很有定力，不會毫無節制地印鈔，但若缺乏具體的法規約束，就無法打消市場的疑慮。其他國家想與土耳其發展投資和貿易時，也會因為央行的不獨立而顧慮重重。

因此，土耳其政府下定決心讓「搖錢樹」完全獨立，同時還規定央行不能在一級市場購買國債。政府借錢發債，央行不能直接購買，其實就相當於不讓政府直接向央行借錢，這項規定比美國、日本及歐洲等國的政策都更嚴格。經此改革之後，土耳其政府發行債券必須遵循市場的供需規律。如果市場認為政府有違約風險或者未來高通膨會持續，那麼國債的價格就會被壓得很低。這在無形中給政府施加了很大的壓力，要求政府控制好自身的財政狀況和通膨率。

土耳其政府在接下來的幾年中縮衣節食、削減開支，讓債務占GDP的比率下降到30%以下。我們在之前的章節提過，如果這項比率低於50%，就表示一國的經濟狀況良好，即使德國這麼

克制自律的政府，其債務與GDP的比率都幾乎沒低於60%，可想而知土耳其將這一比率降到30%多麼不易（圖11-2）。

與此同時，土耳其全面開放了金融管制，讓土耳其里拉（Lira，土耳其貨幣）自由浮動來調整市場供需，而且為了遏制高通膨，還把利率瘋狂提高到100%。可以說，土耳其一改往日「浪子」形象，努力使一切都步入正軌，但也為此付出了代價——里拉在8個月內貶值了超過一半（圖11-3）。幸好這只是開放外匯市場後短暫的陣痛期，土耳其里拉匯率確實出現波動，但很快就被控制住，土耳其的通膨也迅速壓制了下來。

此外，土耳其還改革了貨幣制度。由於里拉貶值得太嚴重，人民平常吃頓飯就要花費幾千萬里拉，阻礙了經濟的通暢運行，因此政府於2005年推出了新里拉（New Turkish Lira），每1新里拉相當於100萬舊里拉。

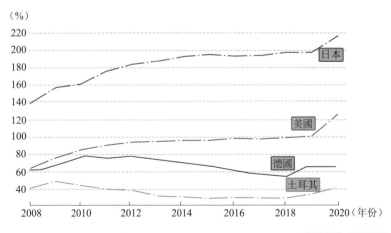

圖 11-2 各國國債占 GDP 比率

資料來源：世界銀行

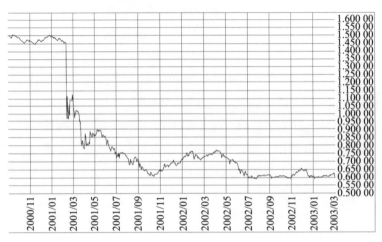

圖 11-3 土耳其新里拉兌美元匯率

注：為方便對照，圖中土耳其里拉已換算為 2005 年推出的新里拉。
資料來源：TradingView

　　終於，土耳其的經濟發展迎來了春天！大量外部投資湧入，全面帶動了土耳其的經濟發展，2001 ～ 2013年間，除了2008年金融危機帶來的衝擊，土耳其GDP一直保持每年5 ～ 12%的增速，土耳其的GDP如圖11-4所示，通貨膨脹率也一直保持在低水平（圖11-5）。

　　土耳其的重工業、紡織業、農業等產業也快速崛起，出口額在8年間成長6倍。旅遊業更是發展迅猛，2019年土耳其成為全球遊客數量第六名的國家，每年從旅遊業獲得300多億美元的收入。

圖 11-4 土耳其 GDP

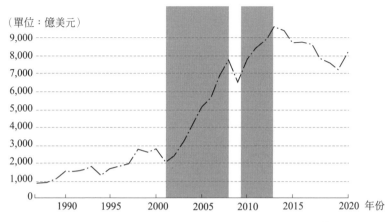

資料來源：世界銀行

圖 11-5 土耳其通貨膨脹率維持低水平（2004～2012 年左右）

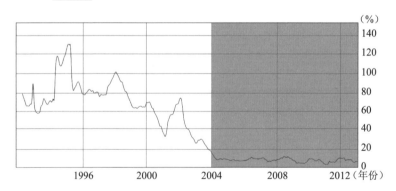

資料來源：土耳其統計局

◆ 嚴重「美元化」

但在繁榮的表象背後，土耳其的經濟發展有兩大問題不容忽視。

首先是貿易逆差問題。土耳其的進口額長期大於出口額，也就是說，這個國家購買的東西一直比賣出去的多，造成經常帳赤字（經濟學將出口扣除進口後的餘額，稱為經常帳餘額〔current account balance〕；餘額若為負，即為經常帳赤字）。土耳其是全球經常帳赤字最嚴重的國家之一。

進口商品需要使用歐元或美元，土耳其要從哪裡獲得這麼多美元來支援貿易逆差呢？這就要提到土耳其經濟的第二大問題——外債。

從圖11-6可以看到，與政府債務下降形成鮮明對比的，是土耳其的私人借貸量快速攀升。土耳其當時為了加入歐盟，金融系統非常開放，民眾可以很容易地兌換外匯。而對於土耳其的企業

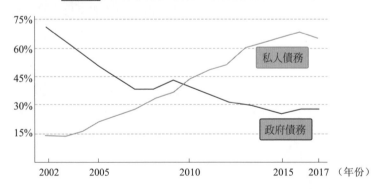

圖 11-6 土耳其的私人債務和政府債務占 GDP 比率

資料來源：世界銀行、國際貨幣基金組織

來說，歐元、美元幣值更穩定，貸款利率也更低，因此企業在貸款時也更傾向於借「外債」。

貸款增加並不一定是壞事，如果大家都願意借錢，就表示民間的投資需求、消費需求都很旺盛，這其實是當代經濟體系渴望見到的現象。但土耳其的問題在於，其貸款都是外債，借的都是歐元、英鎊、美元！這些外幣的印刷量、利率高低，土耳其央行完全不能干預。

到了2019年，土耳其居民超過50%的存款均為外幣──土耳其人竟然都不愛存里拉，而是存外幣（圖11-7）！

這也產生了一個專有名詞──美元化（Dollarisation），實際上這個詞不僅指美元，而是泛指所有外幣。

居民大量借外債、儲外匯，在平時不會產生問題，但是萬一無法償還，國家就會面臨很大的麻煩。土耳其就是如此，好景不長，這個麻煩很快就到來了。

圖 11-7 土耳其儲蓄貨幣占比變化

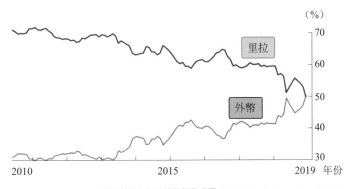

資料來源：土耳其銀行監理署（Banking Regulation and Supervision Agency）

▍土耳其總統獨門的「降息打通膨」

2014年，土耳其前總理艾爾多安（Recep Tayyip Erdoğan）上任總統。他早在2003年就已經擔任土耳其總理，對土耳其前些年的繁榮也有很大的功勞，所以民眾很擁護他。但艾爾多安卻把土耳其帶向一條非常奇怪的道路。

遭美國制裁，通膨爆發

雖然土耳其的經濟發展得很好，但因為貿易逆差嚴重，市場擔心它會出現美元荒，最終像斯里蘭卡一樣因為無法償還外債而破產。所以從2015年開始，土耳其里拉兌美元的匯率持續下跌。

到了2018年，土耳其作為北約（NATO）成員國，卻向俄羅斯購買了戰鬥機，徹底把美國給惹毛，美國時任總統川普因此對土耳其的鋼鐵和鋁施加懲罰性關稅，還直接威脅說：如果土耳其不管好自己，我會徹底毀滅土耳其的經濟（I will totally destroy and obliterate the Economy of Turkey）！

艾爾多安也是人狠話多，一點都不怕川普，還激情澎湃地在國內發表演講：不要管美國，他們有美元，但我們有人民，有我們的神（真主阿拉）！

他演講一時爽，但市場卻不會因此而信服。大家本來就非常擔心土耳其的美元化問題，這下它還和美國對抗，國際投資者紛紛在恐慌中離場。我們可以看到，2018～2019年間，土耳其的外資減少了將近一半。土耳其里拉兌美元的匯率更是「一瀉千里」。

外資的撤離也導致土耳其很多公司甚至一般人的資金斷鏈。土耳其國內已經沉寂了10年的通膨開始抬頭。

面對通膨，絕不升息！

　　面對貶值及通膨危機，各國央行一般都會採用升息政策來應對，因為升息可以抑制通膨、穩定匯率，這幾乎是各國的常規操作。但此時，艾爾多安卻跳出來表示：土耳其不應該升息，而是應該降息，因為「利率是惡魔的父母」（具體原因我們會在後文詳細說明）。總之，他極為強硬地要求央行降息，舉土耳其一國之力，跟世界各國的經濟學實務經驗作對。

　　那麼，艾爾多安成功了嗎？我們在前文提過，土耳其央行已經從政府獨立出去，理論上，它不需要再遵從艾爾多安的指示。但艾爾多安早有準備，在2017年就修改了憲法，讓總統擁有任免央行官員的權力。如果土耳其央行堅持升息，他就更換行長。2019年，艾爾多安免職了原來的央行行長，換上一位新行長，新行長上任後立刻實施全國降息的策略。

　　面對如此非常規操作，外資更加恐慌，開始瘋狂撤離土耳其，土耳其里拉匯率繼續下跌。新央行行長眼看局面即將失控，於是開始升息，結果又被艾爾多安免職了。第三任行長沒撐多久，也不得不實施升息政策，然後，毫不意外地又被艾爾多安撤銷了職務。就這樣，堂堂土耳其央行行長兩年之間換了四位。

　　最終，新上任的行長不得不臣服：總統說降息就降！這也意味著土耳其好不容易建立起來的央行獨立機制，被艾爾多安打破了。

　　連土耳其前總理都說：艾爾多安根本不懂經濟，他身邊的人也全都不懂經濟，他就像從另一個星球來的！

利率是惡魔的父母

但艾爾多安的降息措施真的是草率決定的嗎？其實他在很多公開場合透露過一些自己的想法。當然，這不足以讓我們百分之百準確地了解他所有的思想和動機，因此我們僅討論其中與經濟學相關的部分。

其實，艾爾多安有一套自己的邏輯脈絡：降息會帶動需求和投資的增長→需求和投資的增長會帶動商品供給增加→商品供給增加的幅度如果高於需求增加的幅度，則商品價格會下降→成功壓制通貨膨脹。也就是說，他認為降息既能控制通膨，又能保證經濟的增長。

他的想法並非全無道理，降息確實能促進投資和生產，但經濟學界以往的經驗是，低利率帶來的負面效果（物價上漲）會遠大於上述正面效果，在大多數情況下，低利率會導致原本通膨的經濟體需求增加更明顯，通膨率更高，經濟過熱更嚴重。

讓我用一個不太準確但有助於理解的比喻，來解釋艾爾多安的想法：如果你想讓一個滑得很快的小車停下來，正常情況下應該拉住它，但艾爾多安卻認為應該推動它，加快小車子的速度，讓它受到的摩擦力和空氣阻力越來越大，當阻力和摩擦力大於推力，這輛車的速度就會慢下來！在艾爾多安看來，如果想讓小車停下來，你不應該拉，而是應該推！

雖然經濟學沒有物理學那麼絕對，但大多數經濟學家都認為他這套理論不可理喻。此刻，我們對土耳其央行行長的無語程度都能感同身受了。

艾爾多安堅定地認為，刺激經濟時應該降息，經濟過熱、發生通貨膨脹時也應該降息。總之，不管通膨率是多少，利率一定要降到零！

如果再追問，為什麼他一定要把利率降到零呢？除了他特立獨行的經濟學思考，還牽涉到土耳其的宗教信仰。

土耳其是信仰伊斯蘭教的大國，艾爾多安也是穆斯林。在伊斯蘭教的教義中，收取利息被視為用金錢牟利的罪惡行為，因此艾爾多安才會說「利率是惡魔的父母」。正因如此，土耳其銀行的借貸業務也是名不正、言不順，銀行會想盡各種辦法來繞過「罪惡的利率」。比如：假使土耳其人想向銀行貸款買房，銀行不能直接收取房貸利息，而是必須先買下房子，再以更高的價格賣給購屋者，同時向購屋者提供零息貸款。

破100%通膨：反常規降息的後果

土耳其如此反常規的降息操作，結果究竟如何呢？

屋漏偏逢連夜雨，艾爾多安任期內，恰巧爆發了2022年能源危機，油價暴漲，土耳其作為能源進口大國，陷入了步履維艱的處境。圖11-8是土耳其官方統計的通貨膨脹率，半年之內從20%

圖 11-8 2022 年土耳其通膨率陡升

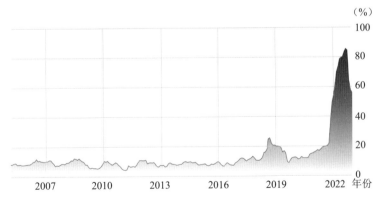

資料來源：土耳其統計研究所

飆升到80%。而據民間估算，實際通膨率可能達到100～200%。外資則更加恐慌、陸續撤離，土耳其里拉的匯率在一年之內又跌了一半。

在不升息的政策環境下，土耳其的經濟狀況絲毫沒有好轉，反而更糟糕了。土耳其民眾只好將手裡的里拉盡可能換成外幣，如果換不到外幣，就拿去消費、囤貨、買房、買股票。畢竟在這種時候，如果把錢存在銀行的定期存款，不僅利息低，還會快速貶值，所以大家存錢的意願都不高。

因此，2022年土耳其國內消費大幅增漲，股市漲幅更是創下2022年全球之最，一年之內暴漲300%。強勁的消費也帶動土耳其2021年和2022年的GDP上漲，儘管全球經濟疲軟並受到能源危機打擊，土耳其依然達成5.6%的經濟成長率。

結果似乎真如艾爾多安所言，降息可以促進消費、投資和經濟增長。但大多數土耳其民眾並不這樣認為，因為這場繁榮是虛假的，民眾之所以消費、買股票，是因為對貨幣貶值充滿恐慌，而非對未來充滿信心。GDP雖然短暫上升，但必定無法持久，艾爾多安的支持率也因此一路下跌。

在這種情況下，生活最艱困的還是低收入族群。土耳其富裕的家庭、企業，還可以藉由換外匯、投資等手段來抵禦通膨，但低收入族群只能眼看著手裡的錢變少，工資上漲速度遠遠跟不上通膨。貧富差距也因此進一步擴大，如今土耳其近一半的人口只能依靠最低工資生活。

圖11-9是土耳其的人口結構圖，45歲以下的人口相當眾多。但經過艾爾多安一折騰，土耳其每年平均流失30萬名年輕人，而這些移民出走的人，往往都是受過高等教育的人才。根據一家德國公司的問卷統計，有73%的年輕人表示，如果可以，他們希望

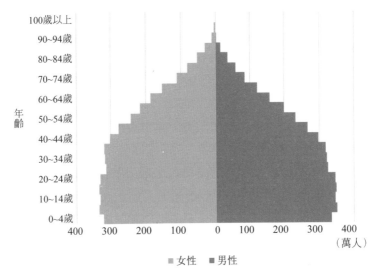

圖 11-9 2020 年土耳其人口結構圖

年齡

100歲以上	
90~94歲	
80~84歲	
70~74歲	
60~64歲	
50~54歲	
40~44歲	
30~34歲	
20~24歲	
10~14歲	
0~4歲	

400　300　200　100　0　100　200　300　400
（萬人）

■ 女性　■ 男性

資料來源：聯合國

離開土耳其發展。

　　一個國家一旦同時流失人才和信心，將對長期經濟發展產生難以估量的影響。

對內補貼，對外交友

　　面對不斷升高的通膨和民眾的怨聲載道，艾爾多安沒有坐以待斃。

　　除了堅持降息外，艾爾多安在處理其他國家問題時並不糊塗。他知道土耳其最嚴重的問題就是資本外流，必須採取措施，以免本國人把里拉全部換成美元。而且馬上（2023年）就要舉行總統大選了，能否扭轉現況將直接影響他是否能夠成功連任。

艾爾多安在「防止資本外流」和「引入外部投資」兩方面，採取了一些措施。

　　首先，為了防止資本外流，艾爾多安採取了一系列措施，包括一些基本的調控（例如：限制銀行外匯持有比率等）；還推出了一種相當創新、受外匯保護的「存款模式」──針對手中持有大量美元的土耳其民眾，只要將美元兌換成里拉，即使之後因里拉暴跌而發生虧損，銀行也會賠償損失，這項政策實際上就是讓銀行替存款者承擔外匯風險。

　　第二，是積極引入外部投資，或者說拉攏外部同盟。

　　我們在前文提到，土耳其是極度依賴能源進口的國家。儘管北邊是俄羅斯，南邊是中東，全是盛產能源的地區，但土耳其偏偏化石能源非常稀缺，超過90%的能源消耗都需要進口。艾爾多安也意識到了能源的重要性，一改往日激進強硬的性格，開始和各個能源大國建立友好外交關係。

　　比如，土耳其雖然是北約成員國，但不僅反對西方制裁俄羅斯，還積極和俄羅斯進行貿易往來。俄烏衝突之後，土耳其和俄羅斯間的貿易反倒比之前還頻繁，甚至成功向俄羅斯爭取到91億美元的投資，用於建造新核電廠。同時，土耳其還不尋常地開始與阿拉伯聯合大公國（阿聯酋）稱兄道弟──要知道艾爾多安在2016年經歷了一場軍事政變，這場政變背後的金主之一正是阿聯酋，因此艾爾多安和阿聯酋過去簡直水火不容，這回也不計前嫌了，雙方簽署一項49億美元的貨幣互換協議，挹注土耳其的外匯儲備。艾爾多安與埃及總統塞西（Abdel Fattah el-Sisi）也握手言和。此外，土耳其還成功從老朋友卡達獲得100億美元貸款，從沙國得到50億美元貸款。

　　短短一年，土耳其多了好幾個「好哥們」，也獲得了幾百億

美元的投資。這些國家的能源都相當豐富，未來這些新朋友將能確保土耳其的大量進口能源供應。我只能說，沒有永遠的敵人，只有永遠的利益。

未來能否走回正軌？

2023年2月6日，土耳其連續遭受兩次芮氏規模高達7.8的強震，至少4.5萬人喪生。土耳其政府至少需要花800億美元進行災後重建，嚴重衝擊了民眾的信心、政府債務還有對通貨膨脹的控制。

2023年5月28日，艾爾多安以52.14%比47.86%的支持率戰勝對手，成功連任，開啟了下一個5年任期。自2003年當選總理、2014年轉任總統以來，艾爾多安已經執政超過20年。這次，他對於「利率是惡魔的父母」的立場似乎有所放鬆，獲得任命的財政部長和央行行長都曾在國外受教育，並擁有金融從業經驗，這讓許多人認為，土耳其經濟政策將從「非正統」步入「正統」，至少對海外投資者來說，前往土耳其投資更讓人放心一些了。不過，艾爾多安本人在採訪中還是非常堅定地表示：我沒有改變，我就是要讓通膨率和利率一起下降。

2023年6月22日，土耳其央行宣布基準利率將從8.5%上調至15%，這是土耳其自2021年3月以來首次升息。但由於升息幅度有限，土耳其里拉兌美元的匯率還是保持下跌趨勢。與2021年相比，土耳其里拉兌美元的貶值幅度已接近70%。（編注：此後連續幾次升息，基準利率到2024年1月25日已調升至45%）

結語

　　土耳其的地理位置十分特殊，位於亞洲與歐洲的交界，有著自己獨特的政治地位和宗教文化。它既是北約成員國，多年來試圖加入歐盟，同時又與俄羅斯和中東國家往來密切。分析土耳其的發展，單從經濟角度來看可能會忽略掉許多重要的面向。然而，由於篇幅有限，本章僅能擷取與艾爾多安相關的內容來討論。

　　艾爾多安在他20年的執政生涯中備受爭議，外界對他強硬作風的批評不絕於耳，但同時也有另一部分人因此成為他的忠實支持者。

　　未來，土耳其究竟能否成功控制住通膨，還是會像委內瑞拉或阿根廷一樣陷入無力償還債務的困境，只能等待時間給我們答案了。

後記

感謝你閱讀到這裡，不知道本書有沒有讓你感受到更多經濟學的溫度？

在這變幻莫測的世界中，願我們前行的旅程都有經濟學知識一路陪伴。

雖然經濟學並非總能提供即時的解答，無法讓你知道下一餐該吃什麼，或是今年要不要買房，但我相信，當我們理解了更廣闊的世界，會潛移默化地幫助我們在面對未知時少一點慌張、多一些從容。

另一方面，也希望大家在感受到總體經濟的溫度時，也能感受到個體的幸福與快樂。

所謂「時勢」，正由我們身邊的每時每刻構成。

地球觀 84

時勢

財經知識型YT「小Lin說」第一本商業金融科普書，
讓你一口氣看懂世界經濟大局

作　　者　小Lin

野人文化股份有限公司
社　　長　張瑩瑩
總 編 輯　蔡麗真
責任編輯　陳瑾璇
專業校對　林昌榮
企劃經理　林麗紅
行銷企畫　李映柔
封面設計　萬勝安
內頁排版　洪素貞

出　　版　野人文化股份有限公司
發行平台　遠足文化事業股份有限公司 (讀書共和國出版集團)
　　　　　地址：231 新北市新店區民權路 108-2 號 9 樓
　　　　　電話：（02）2218-1417　傳真：（02）8667-1065
　　　　　電子信箱：service@bookrep.com.tw
　　　　　網址：www.bookrep.com.tw
　　　　　郵撥帳號：19504465 遠足文化事業股份有限公司
　　　　　客服專線：0800-221-029
法律顧問　華洋法律事務所　蘇文生律師
印　　製　博客斯彩藝有限公司
初版首刷　2024 年 3 月
初版 3 刷　2024 年 5 月

ISBN 978-626-7428-36-8(平裝)
ISBN 978-626-7428-37-5(PDF)
ISBN 978-626-7428-38-2(EPUB)

野人文化
官方網頁

野人文化
讀者回函

時勢

線上讀者回函專用
QR CODE，你的寶
貴意見，將是我們
進步的最大動力。

國家圖書館出版品預行編目（CIP）資料

時勢：財經知識型 YT「小 Lin 說」第一本商業
金融科普書，讓你一口氣看懂世界經濟大局 /
小 Lin 作 . -- 初版 . -- 新北市 : 野人文化股份有
限公司出版 : 遠足文化事業股份有限公司發行，
2024.04
　面；　公分 . -- (地球觀 ; 84)
ISBN 978-626-7428-36-8(平裝)

1.CST: 國際經濟 2.CST: 經濟學

552.1　　　　　　　　　　　　　113002411